L'indompté

ISBN : 978-2-38578-053-1

@goodmooddealer

EDWARD-JEANNE CERDAN

L'indompté

Confidences tendres et authentiques
d'un homme transgenre

GOOD MOOD DEALER
By EXERGUE

27, rue des Grands-Augustins
75006 Paris

Sommaire

1
Naître fille

En tant qu'être humain, nous ne sommes pas le fruit du hasard. Nous portons chacun notre histoire, un récit qui a tissé la toile de notre être. Ma vie n'a pas été un fleuve paisible où la navigation était aisée, bien au contraire. Chaque méandre de mon passé, chaque épreuve traversée, a été un élément fondateur de la personne que je suis aujourd'hui. Sans ces moments, sans ces épreuves, je ne serais pas qui je suis. Derrière chaque facette de notre existence se cachent des moments, des choix et des expériences qui ont façonné notre réalité. Aujourd'hui, c'est avec une sincérité profonde que je vous ouvre les pages de ma vie.

L'histoire que je vais vous raconter repose sur la plus belle des fondations, celle de l'amour. Mes grands-parents se sont rencontrés à l'âge de treize ans sur les bancs de l'école et ne se sont plus jamais quittés. Ils se sont mariés quand ma grand-mère avait dix-neuf ans et mon grand-père vingt. De cet amour naquit une fratrie de huit enfants, cinq garçons et trois filles.

La petite dernière deviendra la femme qui me portera dans son ventre pendant neuf mois avant de me mettre au monde.

On dit souvent que nos parents sont nos super-héros d'enfance, les artisans qui nous transmettent la vie et les leçons qui la jalonnent. Mon lien avec ma mère, dès ma plus tendre enfance, a toujours été très intense, et avec le temps, il prit une signification plus profonde encore. Au-delà de son rôle de mère, elle est une source d'inspiration, une force qui a influencé mes choix et m'a doté d'une résilience incomparable. Même lorsque la vie s'est montrée parfois impitoyable à son égard, elle a toujours su maintenir une connexion profonde avec son cœur, m'offrant ainsi le plus précieux des héritages : la valeur inestimable de l'amour inconditionnel.

Remontons le temps, trente-trois ans en arrière. À cette époque, Cathy, ma mère, avait dix-neuf ans et exerçait le métier de coiffeuse dans une petite commune rurale à cinq kilomètres de la maison. Après sa journée de travail, elle se rendait très souvent chez des amis du village, non loin de chez elle. Lors d'une soirée, elle fit la rencontre d'un homme. Il était grand et élancé, des cheveux brun foncé encadraient son visage, ses yeux étaient profonds. Lorsqu'il souriait, le charme opérait. Nous l'appellerons Patrick. C'était un militaire de carrière originaire d'Agen qui travaillait au même endroit que Cathy. Avant cette rencontre, Patrick avait eu l'occasion de discuter avec des amis qu'il avait en commun avec la jeune femme, découvrant au détour d'une conversation qu'elle exerçait le métier de coiffeuse. C'est ainsi, dans cette atmosphère chaleureuse, qu'il se tourna vers elle avec un sourire complice, guidé par cette révélation, et qu'il lui demanda si elle acceptait de lui couper les cheveux. Ce fut le commencement de leur histoire qui s'annonçait, au premier abord, plutôt prometteur.

Cathy, une jeune femme rebelle au fort caractère, était une âme en quête de liberté, une force de vie qui préférait la spontanéité à la conformité, elle aimait profiter de chaque instant sans se soucier des règles. Ses parents, un peu inquiets de ses fréquentations et relations passées, n'approuvaient pas toujours ses décisions. Avec l'arrivée de Patrick, tout changea. Ils virent en lui un « gars bien », comme ils disaient. C'était la première fois qu'ils semblaient vraiment satisfaits du choix de Cathy en matière d'amour. Leur fille fut touchée par la validation de ses parents, même si elle n'éprouvait pas de sentiments passionnés à l'égard de Patrick. Elle décida tout de même de rester avec lui et de s'engager dans la relation, principalement parce que cela faisait plaisir à ses parents. C'est dans cette nouvelle harmonie, à la suite de l'approbation parentale tant recherchée, que l'histoire de Cathy et Patrick commença, mêlant le poids des attentes familiales à la complexe réalité des sentiments.

Pendant plusieurs mois, Cathy jongla entre sa maison et la caserne militaire où résidait Patrick. Les règles étaient strictes : les femmes n'étaient pas autorisées à y passer la nuit, mais Cathy, connue pour son audace, ne l'entendait pas de cette oreille. Avec Patrick, ils élaborèrent des stratagèmes afin qu'elle puisse entrer sans attirer l'attention. Chaque nuit était une danse secrète entre Cathy et les règles rigides de la caserne. Après plusieurs mois, ils décidèrent de franchir une nouvelle étape en emménageant ensemble dans un appartement à une trentaine de kilomètres de là. Un petit cocon de trois pièces qui promettait une vie à deux. C'est dans ce nouvel environnement, loin des règles de la sévère discipline militaire que leur histoire prit une autre dimension. Au bout d'un an, Cathy tomba enceinte pour la première fois. Son désir ardent d'être mère était comme un doux battement au cœur de son existence, une pulsation vivante qui résonnait au plus profond d'elle-même. Être mère, pour elle, n'était pas seulement un souhait, mais une nécessité absolue. Cathy imaginait la maternité comme un chapitre sacré de son parcours, c'était bien plus qu'une simple aspiration, c'était le rêve vibrant d'une vie riche de sens. Dans les premiers mois de sa grossesse, Cathy baignait dans un bonheur inconditionnel. Elle portait un enfant, ressentant chaque battement de cœur de la vie qui grandissait en elle. L'idée de devenir mère était une source de joie totale, illuminant chacune de ses journées. Mais les choses ne se déroulèrent pas comme prévu. Après ces deux mois et demi de fébrilité, l'insouciance du bonheur fut brutalement éclipsée par la douleur de la perte... Le jour où cela se produisit, c'est l'aînée de la famille, sa sœur Fabienne, qui dut la conduire en urgence à l'hôpital, car Cathy perdait énormément de sang. Patrick, souvent distant et peu démonstratif, n'était pas présent pour la soutenir dans ce moment difficile. Il avait rejoint des amis. Son absence accentua le sentiment d'isolement de Cathy, confrontée à une épreuve douloureuse sans pouvoir compter sur le soutien de celui qui aurait dû être là pour elle. Cet événement ajouta une teinte sombre à leur histoire, mettant en lumière les failles de leur relation. Cathy dut affronter le déchirement de perdre son bébé dans lequel elle projetait tant d'amour et d'espoir. Le rêve d'être mère se mua en une réalité difficile à accepter. Le chagrin de cette perte laissa une douloureuse empreinte en elle. Dans ce moment de tristesse, Cathy dut trouver la force de se relever, de guérir et de renouer avec l'espérance. Après la terrible épreuve de la perte de son bébé, les médecins avaient posé un diagnostic difficile à accepter pour elle. Ils lui avaient expliqué qu'il était essentiel de laisser son corps récupérer avant de tenter à nouveau de tomber enceinte. Mais, Cathy, connue pour sa détermination, n'avait que faire de ces conseils, elle refusait de croire que son rêve de maternité était hors de portée. Elle décida d'écouter son intuition et non les paroles des médecins, persuadée au plus profond d'elle-même qu'elle pouvait y arriver. Rejetant les doutes qui auraient pu l'assaillir, elle décida de suivre son propre chemin. Quelques mois plus tard, alors que beaucoup auraient hésité, Cathy retomba enceinte pour la deuxième fois. Son obstination avait prouvé qu'elle avait raison de croire en sa capacité à porter la vie. Cathy, contre vents et marées, avait déjoué les pronostics et retrouvé l'espoir, faisant preuve d'une grande résilience.

Durant cette deuxième grossesse, Patrick semblait également distant, laissant Cathy naviguer seule à travers les hauts et les bas de cette expérience. Malgré les moments de solitude, elle se sentait habitée par la vie qui grandissait en elle. Cathy avait changé d'emploi et exerçait désormais le métier de factrice, elle continua à distribuer le courrier jusqu'à son huitième mois de grossesse, ce qui ne faisait que confirmer sa force et sa détermination exceptionnelles !

Les repas réguliers chez ses parents représentaient des moments de réconfort au milieu de la tourmente. Et c'est un jour, lors de l'un de ces repas, qu'une série de contractions assaillit Cathy. Sa mère, grâce à la sagesse acquise au cours de ses huit accouchements, lui conseilla de marcher autour de la table pour aider le bébé à prendre une position confortable et faciliter l'ouverture de son bassin. Avec Patrick ils se précipitèrent à l'hôpital, l'excitation et la joie par anticipation, mêlées à une certaine appréhension. À leur arrivée, les médecins, fondant leur évaluation sur l'ouverture du col qui était insuffisante, les renvoyèrent chez eux. Cette expérience, initialement déroutante, devint une épreuve supplémentaire de résilience pour Cathy.

Une fois arrivés chez eux, les contractions s'intensifièrent, et l'urgence grandissante fit revenir Cathy et Patrick à l'hôpital. Ce dernier, agacé, lança qu'il espérait que cette fois serait la « bonne ». Le vrai travail avait commencé et Cathy, à la fois vulnérable et puissante, se préparait à donner la vie. Patrick, malgré sa réticence, resta à ses côtés. C'est ainsi que Cathy, un jour de printemps 1992, donna naissance à Camille, et entama un nouveau chapitre de l'histoire familiale.

Une vie à trois se mit en place où le quotidien trouva un nouveau rythme. Après un an et demi, Patrick apprit sa mutation en direction de Trèves en Allemagne, une destination à laquelle Cathy ne s'était pas préparée. Elle ne souhaitait pas s'installer là-bas et avait proposé à son conjoint de vivre en décalé : il pourrait passer la semaine à Trèves et rentrer les retrouver le week-end. Cependant, Patrick qui avait anticipé sa réaction avait contacté à son insu les responsables du travail de Cathy pour les informer qu'elle ne reprendrait pas son poste en raison de leur déménagement à venir. Cathy s'en rendit compte en se présentant à la poste pour consulter son horaire de reprise. De retour à la maison, une dispute éclata. Cathy était furieuse de la situation. Malheureusement, elle n'eut pas d'autre choix que de la subir. Sa mère considérait comme logique qu'elle suive Patrick à Trèves et refusa donc de l'accueillir. Elle se retrouva ainsi, sans travail, sans argent, et sans logement, contrainte de suivre son compagnon. Le fait qu'ils ne soient pas mariés compliquait la situation. Une fois à Trèves, Patrick et Cathy décidèrent de devenir mari et femme. Bien que Cathy prît cette décision plus par nécessité que par choix du cœur, elle accepta en se remémorant le bonheur de ses parents en la voyant avec un homme

« bien ». Pourtant, en elle-même, elle sentait que ce n'était pas la bonne direction à prendre. D'ailleurs, une anecdote, loin d'être anodine et qui me fait sourire à chaque fois qu'elle me la raconte, témoigne de sa nature audacieuse. En décembre 1993, pour son mariage, elle opta pour une robe… noire ! À une époque où les traditions pesaient souvent lourd, elle choisit de nager à contre-courant. Sa robe était magnifique, à l'image de la puissance de la femme qu'elle était devenue. Sa tenue reflétait son authenticité et sa détermination, bravant les conventions pour se frayer, d'une certaine manière, son propre chemin même dans les moments les plus traditionnels et codifiés.

Malheureusement, leur relation se détériora au fil du temps, jusqu'à prendre une tournure franchement négative. Lors d'un repas chez le capitaine, Patrick arborait son habituelle façade d'homme parfait qui ne servait qu'à masquer la triste réalité. Une fois devant la porte du capitaine, Patrick dit à Cathy : « Souris, écoute, mais ne dis rien. » Selon lui, elle n'avait pas le droit de participer aux discussions, car il la considérait comme peu intelligente, estimant que ses interventions n'avaient aucune valeur. Cathy garda le silence à ce moment-là, mais son sourire en disait long. La table accueillait donc, en plus d'eux deux, des sergents, le capitaine et son épouse. Pendant le repas, les hommes échangeaient entre eux et Cathy saisissait chaque opportunité pour prendre part aux conversations, sentant le regard réprobateur de Patrick sur elle. Une fois le dîner terminé, elle redouta le retour à la maison, anticipant le moment où elle se retrouverait seule avec lui. Arrivés chez eux, Patrick vociféra et lui ordonna de ne plus jamais agir ainsi et surtout de rester à sa place. Face à ces paroles, elle garda le silence, consciente du risque de prendre des coups. L'éloignement à Trèves pesait lourdement sur Cathy, l'isolant dans un lieu qui ne lui convenait pas. Sa famille restée en France lui manquait cruellement. Elle se retrouvait dans un environnement et un milieu auxquels elle n'avait pas le sentiment d'appartenir, élevant seule Camille. Le poids de la solitude à l'étranger, combiné à la responsabilité d'élever un enfant, devenait une charge écrasante pour elle. Elle n'arrivait plus à jouer le rôle de la femme de militaire et à maintenir l'apparence d'une petite famille parfaite. Certains jours, notamment lors des repas militaires, elle parvenait à suivre le script, mais d'autres jours, cela lui semblait insurmontable et elle n'arrivait pas à s'y plier.

La joie initiale de la grossesse se mêlait aux difficultés de la vie quotidienne, créant un tableau contrasté où défis et sacrifices semblaient devenir monnaie courante.

* * *

La vie suivait son cours, rythmée par les tâches quotidiennes de la maison le matin et les après-midis passés au parc. Un jour, dans la salle de bains, Cathy constata que sa poitrine avait considérablement grossi. Sous pilule, elle ne s'était pas inquiétée, car elle ne présentait aucun symptôme de grossesse. Elle en parla malgré tout à une autre maman de la base militaire qui lui glissa qu'elle était peut-être enceinte. Cathy lui rétorqua immédiatement que c'était chose impossible, car elle était sous contraceptif. Mais le doute s'était instillé et elle se rendit à la pharmacie pour acheter un test de grossesse. Comme chaque vendredi, elle prenait la route pour rentrer en France chez ses parents. C'est chez eux qu'elle réalisa le test le lendemain matin et le verdict fut sans appel : positif !

Confrontée à sa relation compliquée avec Patrick, Cathy ne désirait pas un autre enfant de lui et, pensant la grossesse récente, elle envisagea d'avorter. Sans en informer son mari, elle prit rendez-vous chez le gynécologue et là, le second verdict tomba : Cathy était enceinte de plus de deux mois et demi. Tout bascula lorsqu'elle entendit les battements du cœur de son bébé. Le bonheur d'être enceinte prit le dessus. Elle se dit alors que si un le bébé était là, dans son ventre, c'est qu'il était destiné à naître.

Le dimanche soir arriva et avec lui le retour à Trèves. Une fois chez elle, Cathy annonça la nouvelle à Patrick, mais ce dernier resta impassible. Elle ne fut pas surprise, cela faisait écho à ce qu'elle avait vécu la première fois.

La grossesse suivait son cours, mais les rapports entre Cathy et Patrick continuaient de se détériorer. Elle ne trouvait de l'apaisement que lorsque Patrick n'était pas à la maison, notamment lors de ses manœuvres ; c'était un soulagement pour elle. Cependant, quand il était présent, l'atmosphère devenait pesante. Il passait la journée à jouer à des jeux de rôle sur son ordinateur, imposant un silence strict. Il fallait à tout prix éviter de faire du bruit, et Camille ne devait surtout pas pleurer. Le moment des repas devenait une source de conflit. Patrick insistait toujours pour que Camille finisse son assiette, au point de vomir. Face à cette situation, Cathy élevait la voix et éloignait sa fille de lui.

Quand des voisins les invitaient, Patrick refusait toujours qu'ils s'y rendent. Il ne voulait pas que Cathy sorte ni qu'elle soit en contact avec d'autres personnes. La seule échappatoire pour elle était de se rendre chez sa famille chaque week-end. Elle n'y trouvait malgré tout pas le soutien espéré, à l'exception de celui de sa sœur aînée Fabienne, qui comprenait la situation et qui avait même refusé de se rendre à leur mariage voyant clair depuis le début dans le jeu de Patrick. Elle profitait simplement du fait d'être loin de lui, même si le soutien qu'elle espérait n'était pas au rendez-vous.

Les vacances d'été avaient commencé, et Cathy décida de les passer chez ses parents, laissant Patrick à Trèves. Chaque semaine, il l'appelait, lui demandant de revenir, mais elle refusait systématiquement. Elle était déterminée à mettre fin à leur relation. Puis un jour, on sonna à la porte de ses parents. La mère de Cathy ouvrit la porte, c'était Patrick. Il entra et agit comme si de rien n'était devant ses beaux-parents. Une fois seul avec Cathy, il commença à lui dire qu'elle devait repartir avec lui, qu'il ne lui en laissait pas le choix. Cathy tint bon et lui répondit qu'elle refusait de le suivre.

Patrick passa le week-end chez ses beaux-parents. Pendant le dîner, il loua le fait que Cathy fût ici pour la fin de sa grossesse, car elle était bien entourée et qu'elle pouvait ainsi se reposer. La mère de Cathy, voyant à quel point son beau-fils semblait prendre soin de sa fille, était aux anges. Patrick n'hésitait pas à en rajouter, à agir comme le gendre idéal en déclarant que l'arrivée d'un second enfant était une fantastique nouvelle, qu'ils allaient former une belle famille et qu'ils seraient encore plus heureux, comme si tout était parfait. Face à cela, Cathy bouillait intérieurement, mais elle ne dit rien. Le week-end prit fin, Patrick retourna à Trèves et Cathy resta chez ses parents sans parvenir à se défaire de l'emprise qu'il exerçait sur elle.

Un mois passa, il n'était pas revenu entre-temps. Cathy passait ses journées dans la cour, profitant du beau temps. Lors d'un après-midi, elle ressentit une contraction, sentant en elle-même que le moment tant attendu était arrivé. Elle en était à huit mois et demi de grossesse. Elle téléphona à Patrick pour lui annoncer que le travail avait commencé. Sa réponse : « En es-tu sûre ? Je ne voudrais pas venir pour rien. »

Cathy ne répondit pas et raccrocha. Trois heures plus tard, il était là. Les contractions se rapprochaient et la douleur devenait de plus en plus intense. Cathy appliqua le conseil de sa mère et se mit à marcher. Au moment où la douleur atteignit son pic, Cathy dit à Patrick de la conduire à l'hôpital. Ils prirent le chemin de la maternité dans un silence total. Aucun encouragement ne sortait de la bouche de son compagnon.

À l'hôpital Cathy fut prise en charge par le personnel médical qui lui dit que le col était seulement ouvert à quatre doigts et que c'était insuffisant. On lui proposa la péridurale, mais Cathy, l'ayant reçue pour Camille, refusa afin de connaître l'expérience d'un accouchement naturel. S'ensuivit une attente interminable durant laquelle chaque minute était un supplice. Patrick faisait des allers-retours dans la chambre, ignorant la souffrance de sa femme. La sage-femme revint pour examiner le col, et le verdict tomba : le col était ouvert à cinq doigts, le moment était venu. Ils se dirigèrent vers la salle d'accouchement, installèrent Cathy et demandèrent à Patrick s'il voulait les suivre. Sa réponse fut sans appel : « Non ». Les sages-femmes, sidérées par sa réaction, lui firent remarquer : « C'est bien de faire un enfant sans vouloir assister à sa naissance. » Cathy, le voyant s'éloigner, dit à la sage-femme : « Je n'avais de toute façon pas envie de voir sa tronche. » Cette dernière lui répondit par un sourire.

L'accouchement fut très éprouvant, une danse entre la souffrance et l'espoir. Le bébé était là, la tête visible, et le médecin encourageait Cathy à pousser, à persévérer. La salle de travail était imprégnée de l'odeur aseptisée des hôpitaux, mais aussi du courage palpable de Cathy. Chaque contraction arrivait dans un crescendo de douleur et d'effort, et chacune de leurs pauses était comblée par l'anticipation de la prochaine vague.

L'épuisement, la douleur, tout semblait avoir atteint son apogée, et c'est à ce moment que Cathy s'arrêta. Elle dit d'une voix fatiguée qu'elle n'en pouvait plus. Les cris des bébés provenant des autres salles se succédaient, et Cathy ne comprenait pas pourquoi elle avait tant de mal à faire naître son enfant. Le médecin, conscient du besoin urgent de redonner à Cathy la force de continuer, éleva la voix : « Poussez Madame Cerdan, c'est maintenant ! Poussez, allez-y ! »

Ses paroles résonnèrent comme une tempête brisant le calme tendu de la pièce. Cathy dans ce moment critique se trouva à la croisée des chemins entre la résignation et la persévérance. Ce fut un instant où le temps sembla suspendu, où la volonté de Cathy se confronta à la douleur, et où, dans un élan désespéré, elle trouva l'énergie de reprendre ce combat pour donner naissance. Dans la salle, retentirent alors le cri de la vie et le soupir de soulagement et d'épuisement palpable d'une mère déployant toutes ses ressources pour faire venir son enfant au monde. C'est en ce jour que je suis née, ce fameux 4 septembre 1994. C'est à cet instant que j'ai laissé la voix de mon âme s'exprimer pour la première fois et que mon voyage a débuté.

Les sages-femmes me déposèrent sur la poitrine de ma mère, puis invitèrent mon père à entrer. Il pénétra dans la salle de travail pour faire ma connaissance. Ma mère se tourna vers lui, puis elle me regarda en prononçant ces mots : « Qu'est-ce qu'elle est moche, qu'est-ce qu'elle te ressemble ! » Il en resta muet.

Nous remontâmes ensuite en chambre, où l'on me déposa dans mon berceau de maternité, juste à côté de ma mère. Patrick fit son entrée et adressa ces mots à Cathy : « Tu m'as vu aujourd'hui, mais tu ne me reverras que pour revenir te chercher. » Puis il tourna les talons, laissant Cathy seule avec moi. Mais à vrai dire, son absence n'avait aucune importance pour elle.

Lorsque ma mère me conduisait dans la salle de change, les premiers moments de complicité et de plaisanterie s'installaient déjà, et elle me disait : « Mais qu'est-ce que tu es moche. »

Quand, lors de ma naissance, Cathy s'était décidée d'arrêter de pousser, ma tête s'était retrouvée bloquée au niveau du col de l'utérus, écrasant mon nez et décollant mes oreilles. En plus de cette ressemblance flagrante avec Patrick, j'eus le privilège d'ajouter une belle jaunisse à ma liste de naissance !

Cathy en arriva à penser que le ressentiment, voire la haine qu'elle avait nourrie par moments envers Patrick tout au long de sa grossesse, avait peut-être contribué à ce que je lui ressemble autant.

Peu importait à quel point je pouvais lui ressembler, l'amour de ma mère était fort et sans condition. Un autre morceau de son cœur était maintenant juste à côté d'elle.

Notre vie à Trèves demeurait inchangée, Patrick, égal à lui-même, n'accordait pas la moindre importance à Cathy, à ma sœur Camille ou à moi-même. À l'âge de trois mois, ma présence n'avait pas réussi à apaiser les tensions entre mes parents. Les relations entre ma mère et mon père semblaient figées dans un état conflictuel permanent. Camille, quant à elle, demeurait constamment aux côtés de notre mère, lui exprimant indéfectiblement son amour.

Un jour, une situation aurait pu prendre une tournure dramatique à cause des habitudes peu prudentes de mon père. Son rasoir était fréquemment laissé à l'abandon après son rasage quotidien, ce qui inquiétait grandement ma mère. Ainsi, elle retrouva Camille, le rasoir entre les mains, ce qui provoqua un nouveau sujet de dispute qui jeta un froid dans notre foyer.

Un matin, Patrick se leva pour se préparer à aller au travail. Camille et ma mère partageaient un tendre moment. Cependant, alors qu'elle se trouvait dans la chambre pour aérer la pièce, leur quiétude fut brisée par l'irruption de Patrick.

Les regardant toutes les deux, il lui demanda pourquoi ma sœur agissait de cette façon si douce avec notre mère. Cathy, perplexe face à cette interrogation, répondit froidement : « Parce qu'elle m'aime, connard. » Cela déclencha une réaction violente de Patrick qui, sans retenue, la roua de coups.

Cathy cherchant à protéger son visage jura de crier pour que les voisins entendent, ce qui ferait ainsi tomber le masque, s'il n'arrêtait pas immédiatement. Il cessa finalement et quitta la maison pour se rendre au travail.

En cet instant crucial, Cathy prit la décision irrévocable de mettre fin à cette situation insupportable et de quitter définitivement cet homme. Dans un mélange de larmes et de peur, elle appela sa sœur Fabienne, en France, pour lui dévoiler l'horreur qu'elle venait de vivre et la réalité de son quotidien. Sans hésitation, sa sœur, indignée et révoltée, prit immédiatement la route pour Trèves afin de nous libérer de ce cauchemar.

Pendant ce temps, Cathy rassembla nos affaires dans des sacs, qu'elle dissimula rapidement dans le grenier de la maison. Elle devait agir avec précaution, car Patrick rentrait pendant la pause déjeuner. Une fois les bagages prêts, elle nous conduisit chez la voisine, attendant l'arrivée imminente de sa sœur. Patrick, ayant l'intuition que quelque chose se préparait, emporta toutes les cartes bancaires et les moyens de paiement avant de retourner au travail l'après-midi.

La femme du colonel retrouva Cathy et se posta devant la maison, dans l'embrasure de la porte. Elle tenta de la dissuader de quitter Patrick, arguant que les enfants avaient besoin de leur père et invoquant le statut de femme de militaire. Cathy, révoltée, lui demanda si elle avait déjà été victime de violences conjugales, exigeant qu'elle la laissât passer. L'arrivée salvatrice de Fabienne eut lieu quelques minutes plus tard. Ensemble, elles chargèrent la voiture au maximum, et nous partîmes toutes les quatre, laissant derrière nous Trèves et cette douloureuse période.

* * *

Dire que j'ai été malheureuse pendant mon enfance serait mentir, car, comme tout enfant, j'ai connu des périodes de joie, d'amour et des passages douloureux.

Ma mère, ma sœur et moi vivions ensemble dans le village familial. À côté de nous habitaient ma tante Fabienne et mon oncle Jacky dont nous étions très proches. Mes grands-parents avaient leur maison aussi tout près, nous avions juste à descendre la rue pour nous y rendre. J'ai grandi au sein de ce cocon familial dans lequel j'ai reçu énormément d'amour.

Lorsque ma mère travaillait, c'était ma grand-mère ou mes tantes qui s'occupaient de nous. Elles avaient à cœur de nous faire baigner dans la nature, ma famille possédait des poules, des canards, des lapins, des chats et des chiens. C'est à l'âge de six ans qu'est née ma passion pour les chevaux. Mon oncle Jacky possédait plusieurs de ces majestueux animaux, et nous allions souvent les voir. Il me faisait monter sur le dos d'un cheval et mes petites mains agrippaient la crinière. De là-haut, j'avais l'impression d'être la reine du monde ! C'était une aventure magique. D'ailleurs, j'étais très malheureuse quand arrivait le moment de redescendre.

Aujourd'hui, vingt-quatre ans plus tard, je suis toujours émerveillé en présence de ces êtres qui sont bien plus que de simples animaux à mes yeux. Les chevaux incarnent la grâce, la puissance et l'harmonie, ils permettent une connexion unique entre la nature et moi-même.

Ma grand-mère et mon grand-père ont représenté un soutien crucial pour ma mère. Ils savaient qu'élever seule deux enfants, tout en jonglant avec toutes ses responsabilités, n'était pas une tâche aisée. Ainsi, chaque fois qu'il fallait prendre soin de ma sœur et moi, Cathy pouvait toujours compter sur ses parents.

Nous étions véritablement choyées chez nos grands-parents. Deux fois par semaine et la moitié des vacances scolaires, ma sœur et moi dormions chez eux, transformant leur maison en notre refuge. Nos soirées avaient leurs routines, ma grand-mère préparait sa célèbre soupe de bouillon gras et ajoutait des petites pâtes en forme de lettres de l'alphabet ou de vermicelles, et bien sûr, l'incontournable Maggi ! À table, chacun avait sa place attitrée. Ma sœur à côté de ma grand-mère qui faisait face à mon grand-père, et moi à côté de lui. Une fois le repas terminé, ma grand-mère nous installait devant la télé pendant qu'elle s'occupait de nettoyer la cuisine et de préparer le café du lendemain matin. Le moment tant attendu arrivait ensuite, celui où elle nous réservait la surprise qu'elle aimait tant nous cuisiner : des flans à notre parfum préféré, vanille, nappés d'un succulent caramel !

Puis venait le rituel du soir. Nous nous installions tous les quatre devant le journal de 20 heures, une institution chez nous. Nous le regardions ensemble, et mes yeux se fermaient immanquablement avant la fin du programme, épuisée par une journée passée à jouer dehors. Le coucher se faisait en deux temps. À la fin du JT, mon grand-père montait et je le suivais.

Ma sœur, quant à elle, restait avec ma grand-mère devant la télé pour regarder un feuilleton.

Je gravissais les marches de l'escalier qui me semblait interminable pour mes petites jambes, et je prenais la place de ma grand-mère dans leur lit pour entamer ma nuit aux côtés de mon grand-père. Couchée sous la couette, je le regardais vaquer à ses petites occupations habituelles. Il y avait une chaise dans le coin de la chambre, juste à côté du lit. Il s'y asseyait, retirait son pull et son pantalon, les pliait et les déposait sur le dossier, m'expliquant : « Tu vois, comme ça, mes affaires sont prêtes pour demain, je n'ai plus qu'à les enfiler. C'est important, il faut toujours préparer ses affaires. » Je souriais. Ensuite il s'allongeait, prenait une petite bouteille d'eau avec un trait de sirop de grenadine, buvait une gorgée et me demandait si j'en voulais. Alors je faisais comme lui, m'asseyant dans le lit qui faisait quatre fois ma taille, et je prenais une petite gorgée. Et c'était l'heure pour nous de nous coucher. Il éteignait sa lampe et me disait « bonne nuit, ma fille », en m'embrassant sur le front.

Une fois le film terminé, Camille et ma grand-mère montaient se coucher à leur tour. Camille s'installait dans notre chambre qui se trouvait juste à côté de celle de nos grands-parents. Elle se mettait au lit tandis que ma grand-mère venait me chercher pour me porter jusqu'au mien afin de finir ma nuit. Le matin nous étions réveillées par l'odeur appétissante du pain grillé. Telles des petites princesses, nous descendions et découvrions le plateau préparé par notre grand-mère. Il était composé de nos deux bols pour notre café au lait et de nos tartines avec du beurre et de la confiture de coing. Elle nous l'apportait devant les dessins animés du matin. Nous petit déjeunions et la journée pouvait commencer !

Je m'habillais alors pour sortir. Je devais attendre 9 heures, car avant, ma grand-mère disait toujours que c'était trop tôt et que mon cousin dormait encore. À 9 h 05, je frappais enfin à la porte de ma tante pour retrouver mon cousin Baptiste. Nous fabriquions des cannes à pêche avec des bouts de bois au bout desquels nous attachions une ficelle et avec notre seau, nous partions pêcher dans les petits ruisseaux du village. Avec l'espoir et la certitude que nous reviendrions avec des poissons, tels des experts de la pêche ! Mais nous rentrions toujours bredouilles.

Nous construisions aussi des cabanes avec tout ce qui nous tombait sous la main, ou bien nous prenions nos vélos et roulions dans le village en imaginant que nous étions sur des motos ! Les heures passaient si vite, il était déjà temps de rentrer déjeuner. Parfois, ma tante m'invitait chez elle, ou alors je rentrais manger chez ma grand-mère pour retourner jouer dehors l'après-midi jusqu'au soir.

Enfant, ma transidentité ne s'est pas réellement manifestée.

2

Prémices de la transidentité

J'ai grandi dans un environnement où l'on m'a laissé le choix. Dès mes quatre ans, je ne voulais plus mettre de robe, et ma mère ne m'a jamais forcée à en porter. Et ce n'est pas rien, car dans ma famille, en 1998, l'usage était que les petites filles en portent. Elles ont malgré tout été très vite reléguées au placard, pour laisser place aux salopettes.

Quand je ferme les yeux et que je me replonge dans ces moments de ma vie à l'aune de mon éveil de conscience actuel, je suis enveloppé de sérénité. Je me revois enfiler un short, mettre mes baskets trouées pour aller jouer dehors sans mettre de t-shirt, car cela me rendait heureuse de sentir les rayons du soleil sur ma peau avant de rentrer à la maison, sale de la tête aux pieds. Dans mon esprit j'étais un petit garçon qui s'appelait tout simplement « Jeanne ». J'étais différente de la plupart des autres petits garçons, mais je n'en souffrais pas. C'est comme si j'avais créé inconsciemment une bulle de bien-être autour de moi, comme si j'étais déjà connectée à la vérité de mon être. Avec le temps, les regards des autres sont venus fragiliser cette bulle protectrice, me laissant dans l'incompréhension la plus totale, car je ne saisissais pas bien ce qui était en train de m'arriver. C'était comme si le monde extérieur m'arrachait à mon propre univers, celui dans lequel j'étais en paix et heureuse.

Quand j'étais petite, je participais très souvent à des jeux de rôles avec d'autres enfants. Dans chaque situation, je choisissais d'incarner celui du garçon. Je me sentais bien, car à ce moment précis les autres enfants me percevaient aussi de cette façon, celui que j'étais vraiment apparaissait alors aux yeux de tous. Jusqu'à ce que le jeu se termine, que la vie reprenne son cours et que cette perception fictive disparaisse. Je réintégrais alors ce réel dans lequel les autres me voyaient comme une fille. À ce moment, je passais d'un sentiment de bonheur absolu à une profonde tristesse sans vraiment comprendre les raisons de ce changement. Pourquoi avais-je tant envie que ce soit la réalité ? Pourquoi étais-je si abattue quand le jeu se terminait ? Je me raccrochais au fait que je retrouverais cette sensation la prochaine fois que j'irais jouer, qu'elle n'était pas définitivement perdue.

Lorsque j'étais en primaire, en CE1, l'institutrice décida de séparer les filles des garçons pour un atelier. Naturellement, sans réfléchir je me dirigeai vers le groupe des garçons. En effet, à mes yeux j'étais des leurs. La maîtresse vint alors derrière moi, posa ses mains sur mes épaules et me dit : « Non, Jeanne, ce n'est pas ici que tu dois être, les filles c'est de l'autre côté », avant de me conduire auprès de l'autre groupe. Vingt et une années plus tard, je ferme les yeux et revis la scène comme si c'était hier. En entendant les mots prononcés par la maîtresse, le battement de mon cœur devint irrégulier. Une tension figea tout mon corps, comme si mon âme réagissait et qu'elle refusait de se plier à cette réalité. Pendant que les autres élèves étaient absorbés par l'activité, j'étais aux abonnés absents. Dans mon esprit, les pensées se bousculaient comme des vagues en furie. J'étais envahie par une sensation d'inconfort comme si j'étais contrainte de porter un masque qui dissimulait la véritable expression de mon être. Aujourd'hui, je suis capable de mettre des mots dessus. Enfant, je ne ressentais que de la peur, de la colère et un décalage puissant entre ce que je vivais intérieurement et ce que le monde extérieur me disait que j'étais. J'étais persuadée d'être un garçon, alors que tout le monde me disait que j'étais une fille. À huit ans, je supportais déjà un poids en moi, un fardeau émotionnel auquel s'ajoutait la pression de me conformer à une réalité qui m'était étrangère. Je me sentais perdue entre ce que je pensais être vraiment et ce que les autres attendaient de moi. Toutefois, même dans ces moments difficiles, je me souviens avoir toujours ressenti, au fond de moi, la chaleur d'une petite lueur qui brillait. Même quand le vent soufflait fort, cette lumière ne s'éteignait jamais.

Je commençais à me poser plein de questions. Étais-je une fille ou un garçon ? Pourquoi étais-je obligée de suivre les filles ? Pourquoi étais-je la seule à ressentir cela ? Pourquoi cette sensation était-elle si désagréable ? Étais-je anormale ? C'était comme si deux idées se livraient bataille dans ma tête et je ne savais pas laquelle allait l'emporter. Avant, quand j'étais plus petite, ces questions, ces doutes m'étaient étrangers. Mais avec le temps, les choses changèrent et il semblait que j'étais contrainte de suivre une direction qui n'était pas la mienne, simplement parce qu'il en était ainsi, que je n'avais pas le choix.

C'est comme si je m'éloignais peu à peu de ma vérité, une rupture qui me déchirait le cœur, me laissant seule pour affronter cette réalité.

* * *

Pendant cette période et durant sept étés consécutifs, ma mère travailla comme cuisinière dans une colonie de vacances à Moniga del Garda, en Italie. Au cours des mois de juillet et août, Camille et moi accumulions les souvenirs heureux, même si les débuts furent compliqués. Le fait d'être séparée de ma mère la nuit venue représentait une véritable épreuve.

Peu à peu, j'apprivoisais l'esprit de cette colonie, où nous étions divisés en trois groupes, selon notre âge. La moitié était des enfants qui avaient été placés dans des foyers et j'étais fascinée par leur courage et leur force. Ma mère devenait un pilier pour eux en tissant avec tous de puissants liens. Au cours des journées se succédaient des activités de tir à l'arc, de danse et de bricolage. Les après-midis, nous nous rendions au lac de Moniga del Garda pour des baignades rafraîchissantes, moment que nous attendions toutes et tous avec impatience.

C'est là, pendant ces étés, que je connus mes premières amourettes.

Un garçon timide, qui me souriait sans cesse pendant les repas, attira mon attention. Pierre-Jean était réservé, mais plein d'attentions à mon égard. Il me faisait parvenir des messages écrits sur un petit bout de papier pour me faire part de son amour : « Pour Jeanne, si je devais te dire à quel point je t'aime il faudrait tous les grains de sable du Sahara pour te le dire, Pierre-Jean, je t'aime. » Cela illuminait mes journées.

Nous vivions notre petite idylle. Nous découvrions ces étranges sensations au creux du ventre, nos cœurs battaient à l'unisson. Mais la fin du séjour arrivait toujours et apportait son lot de déchirements, comme si nous ne pourrions survivre à cette séparation. Nous n'étions que des enfants.

Une année particulière marqua mon esprit et mon cœur. Cette fois-là, à mon arrivée dans la colonie, mes yeux se posèrent sur Sébastien, un jeune garçon venu d'un foyer d'enfants. J'étais envoûtée par lui et par son corps en particulier. Il était passionné de musculation et s'adonnait chaque jour à des exercices. Les adultes s'étonnaient également de ce corps d'enfant semblable à celui d'un homme en miniature. Quand je découvris sa musculature, je fus subjuguée ! Chaque fois que mes yeux se posaient sur ses muscles, un unique rêve m'habitait : être lui. À cet instant, je me réconfortais en me disant que je ressentais de l'attirance pour la première fois. C'était une manière d'ignorer la réalité. Pourtant, déjà à ce moment, au plus profond de moi, une souffrance sourde m'envahissait en comprenant que cette aspiration demeurerait à jamais hors de ma portée. Durant cette saison nous sortîmes ensemble, nous vivions notre amourette au grand jour. Nous passions notre temps tous les deux en faisant le choix de pratiquer les mêmes activités.

Sa simple présence me comblait de joie, et permettait en fait la proximité avec ce que je rêvais d'être en silence. Chaque fois qu'il sortait de sa chambre, torse nu, arborant ce corps sculpté et ce torse plat, j'étais émerveillée. Pendant ce temps, je devais m'assurer que mon haut de maillot de bain était correctement attaché, alors qu'être contrainte de porter ce morceau de tissu était tout ce que je haïssais.

Nos après-midis à la plage étaient pour moi le moment d'une contemplation silencieuse. Assise sur ma serviette, je regardais les garçons qui se baignaient, libres dans leurs mouvements et dans leurs corps. De l'extérieur, cela pouvait donner l'impression que je ne m'amusais pas, mais c'était tout le contraire. Mon regard se perdait sur ces corps, chaque courbe devenant une sorte de trésor inatteignable.

Durant ces années, tout cela n'était pas aussi limpide. L'idée d'être née dans « le mauvais corps » ne faisait pas encore partie de mon horizon mental, prisonnière que j'étais d'une société qui, à l'époque, ne laissait guère de place au sujet de la transidentité. Mes préoccupations se concentraient davantage sur les premières émotions amoureuses estivales, les sensations inédites qu'elles éveillaient en moi, les premiers baisers échangés en cachette, à l'abri des regards. Les choses inconfortables que je ressentais alors, je les attribuais simplement au fait de ne pas vouloir voir mon corps évoluer, une pensée que je considérais comme normale chez tout enfant en plein changement. Ce n'est que bien plus tard que j'ai compris la complexité des sentiments qui m'habitaient et leur lien avec mon identité profonde.

Aujourd'hui, ma perception a évolué. Connecté à ma vérité, je perçois ces moments de ma vie sous un nouveau jour. Ils m'ont guidé vers qui je suis vraiment. Même si tout n'était pas clair à l'époque, chaque instant représentait un pas de plus vers mon moi authentique.

* * *

Durant cette période ma mère travaillait comme pompiste. Certains jours, elle ne trouvait personne pour nous garder, alors nous restions dans une pièce, à l'arrière du magasin de la station essence toute la durée de son service. Avant de fermer la station, elle baissait le rideau de fer et nous disait de prendre un paquet de bonbons discrètement. Le défi consistait à courir sous le rideau avant qu'il ne soit complètement descendu, ce jeu me faisait éclater de rire.

Un jour, un homme prénommé Bernard vint à la station essence à bord d'un imposant 4×4 américain. Il descendit de sa voiture et croisa le regard de ma mère. Ce fut le début d'une histoire d'amour passionnée. À l'époque, elle avait 29 ans et lui 52. Après quelques mois de relation, Bernard proposa à Cathy d'emménager chez lui. Ainsi ma mère, ma sœur Camille et moi, nous nous retrouvâmes embarquées dans cette nouvelle aventure, quittant notre village natal après y avoir passé six années. La maison de Bernard était unique en son genre, tout imprégnée de son amour inconditionnel pour l'Amérique. Elle était remplie d'objets ramenés de ses nombreux voyages aux États-Unis. Dans le salon se trouvait une fresque peinte à la main par un artiste talentueux, représentant des Indiens avec leurs tipis, des chevaux et des bisons, celle-ci recouvrait la totalité des murs de cette pièce.

Quand Bernard fit son entrée dans la vie de ma mère, une onde de joie m'envahit, je me réjouissais de la perspective que ma mère puisse enfin goûter au bonheur qu'elle méritait tant et qu'elle n'avait pas trouvé jusque-là. Bien que je n'aie jamais considéré Bernard comme mon père, je lui étais reconnaissante d'agir avec bienveillance comme s'il l'avait été. Cependant, l'idée de l'appeler « papa » ne m'a jamais effleurée. Ma satisfaction résidait entièrement dans celle de ma mère et la voir rayonner de joie était ma plus grande récompense.

Jamais je n'avais vu ma mère aussi épanouie. Bernard, grâce à son amour infini et son attention constante avait réussi à illuminer sa vie. Leur complicité était palpable tout comme le sentiment qui les unissait. Il était le père de plusieurs enfants, qu'il accueillait un week-end sur deux. J'avais développé une amitié particulière avec sa plus jeune fille, une passionnée de chevaux comme moi, et toutes les deux semaines nos rencontres étaient ponctuées de rêves, de jeux et de conversations animées autour de cette passion commune.

Bernard était un artiste, un chanteur au sein d'un groupe, et chaque week-end était une fête. Les soirées s'étiraient jusqu'au petit matin, et je me laissais souvent bercer par la musique, m'endormant sur des caisses de rangement en coulisses, attendant que l'on vienne me réveiller pour rentrer à la maison.

Leur relation marquée par une différence d'âge suscitait parfois des regards curieux. Mes grands-parents, au début réticents face à cette singularité, finirent par accepter l'amour qui unissait Cathy et Bernard. Les premières années de leur histoire furent marquées par la passion et l'aventure. Leurs voyages, aux États-Unis, à Londres, ou à Paris, étaient autant de chapitres de leur romance.

Pendant leur absence, Camille et moi étions en vacances chez nos grands-parents. Être loin de ma mère était vécu comme une épreuve et je passais chaque jour dans l'impatience de la retrouver, chaque appel étant une bouffée d'air. Le retour de leurs voyages apportait son lot de souvenirs.

En dehors des voyages, Bernard était toujours partant pour des sorties, des soirées au cinéma, des repas à l'extérieur, ou simplement pour nous emmener lors de ses rendez-vous en ville. Ces excursions qui peuvent sembler banales pour beaucoup constituaient une nouveauté excitante et plaisante pour moi. D'ailleurs, j'adorais être en voiture, observant le monde par la fenêtre, plongée dans mes pensées et mon monde imaginaire.

Bernard prenait soin de nous trois avec une bienveillance sans égale.

***

L'école et moi n'avons jamais formé un duo harmonieux. J'aimais l'école, le problème n'était pas là. La vérité est que j'avais d'autres préoccupations en tête. L'incapacité d'exprimer clairement ce que je ressentais par rapport à mon corps finit par engendrer une grande anxiété sociale qui m'isola. J'étais le plus souvent terrorisée en présence d'autres élèves, ce sentiment atteignait son apogée quand je me retrouvais seule au tableau, face à la classe entière. C'était comme perdre le contrôle, ne plus pouvoir feindre que tout allait bien. Les tourments intérieurs prenaient le dessus et me laissaient avec l'envie de disparaître.

Je n'étais pas si isolée malgré tout, j'avais deux réels amis, deux garçons, avec qui je passais le plus clair de mon temps. Nous avons fait les quatre cents coups tous les trois, j'étais à l'aise avec eux. En revanche, quand il s'agissait par exemple de réciter un poème devant tout le monde, l'angoisse revenait. Quand certains élèves n'angoissaient qu'un jour avant, pour ma part, le cauchemar commençait bien en amont. Chaque jour était un compte à rebours funeste. Dans mon esprit se bousculaient ces questions : « Vais-je parvenir à parler ? Vais-je oublier des mots ? Qu'est-ce que les autres vont penser de moi ? »

Quand le compte à rebours touchait à sa fin, je me rendais à l'école la boule au ventre. Certaines fois, mes pensées avaient une telle répercussion sur mon corps, qu'elles me rendaient malade et que je ne pouvais pas aller en classe. Ma mère pensait que j'étais véritablement souffrante, physiquement, que j'avais attrapé un virus et je le croyais aussi, car après tout j'avais tous les symptômes d'une maladie virale : une température élevée et des vomissements. Tout pour m'en convaincre, n'est-ce pas ? J'aurais voulu en parler, mais c'était trop difficile parce que je ne comprenais même pas vraiment ce qui m'arrivait. Je ne parvenais pas à mettre des mots dessus et je commençais à être persuadée que tout cela était peut-être juste dans ma tête.

La vérité intérieure est comme une aile entravée, un papillon de liberté qui se heurte aux parois d'un cocon tissé par la réalité. Chaque battement, chaque pulsation d'une énergie qui aspire à se libérer, se ressent. Pour le moment les ailes demeuraient repliées, comme un oiseau guettant le moment propice pour prendre son envol. Ce n'était pas encore le moment.

Les jours où je parvenais à remporter ce combat, j'allais à l'école avec l'envie de prendre mes jambes à mon cou et de fuir le plus loin possible. J'implorais l'univers pour que mon prénom ne soit pas appelé tout de suite. Et c'était toujours le cas, pour je ne sais quelle raison je n'étais jamais la première. Mais était-ce vraiment une bonne chose ? Je voyais les autres réciter et réussir avec aisance et cela me rajoutait un poids supplémentaire. Arrivait enfin le moment tant redouté : « Jeanne c'est à toi, viens au tableau. » La panique intérieure s'intensifiait au fur et à mesure que je m'approchais, mon cœur battait à tout rompre, ses pulsations résonnaient contre mes tempes, au point que je n'entendais qu'elles. Mon souffle devenait saccadé, j'avais du mal à respirer, comme si chaque inspiration était un défi face à l'air qui semblait se raréfier. Mon visage était totalement crispé et dans mon esprit une foule de pensées se bousculaient. Les regards qu'ils soient bienveillants ou prêts à me juger devenaient des projecteurs qui mettaient en lumière la tension entre ce que je ressentais et les attentes du monde extérieur. Attentes dans lesquelles je voulais me fondre, les envisageant comme l'unique voie possible. Est-ce que je réussissais à réciter ma poésie ? Cela dépendait. Parfois non, les mots m'échappaient, je bégayais. Mais d'autres fois oui, et ce sont d'ailleurs ces victoires qui me confortaient dans l'idée que j'étais « normale », que ce que je ressentais au fond de moi n'était pas si grave finalement, que cela n'était que passager et, qu'avec le temps, les choses s'arrangeraient.

Ma transidentité provoqua un repli sur moi-même. La réalité était là, implacable : j'étais dans le corps d'une fille et j'en éprouvais un profond malaise, ma vérité intérieure s'opposant à mon apparence. C'était un dilemme déchirant, oscillant entre l'acceptation d'une réalité inévitable et le désir viscéral de rejeter ce qui m'était imposé. Une lutte intérieure qui me paralysait comme si une partie essentielle de moi refusait de se soumettre à l'évidence, catégoriquement.

Parfois, on comprend avec le recul que ce qui nous semblait insurmontable à un moment donné était en réalité une épreuve facile. Ce passage de ma vie que je traversais, bien que marqué par ses propres défis, s'est révélé être parmi les plus simples de mon parcours. C'est comme si cette période était une page d'introduction, une première esquisse dans le grand livre de mon existence.

* * *

J'ai souvenir de nombreux moments où j'étais guidée par des pulsions qui venaient du plus profond de mon être et que je ne saurais réellement expliquer encore aujourd'hui. À cette époque-là, je vivais chez Bernard.

À partir de huit, peut-être neuf ans, je ne saurais le dire avec exactitude, je basculai entre bonheur et tristesse profonde sans que je comprenne réellement ces deux états émotionnels. Je sentais simplement cette balance osciller d'un côté puis de l'autre, comme si quelque chose se bousculait et se réveillait en moi sans que je puisse y faire quoi que ce soit. Un soir, je ressentis un immense chagrin sans parvenir à en identifier les raisons. Je savais juste qu'il était là, présent, et qu'il exerçait une pression sur mon cœur au point de me faire pleurer.

Ce soir-là, je quittai mon lit et m'enfermai dans la salle de bains. Celle-ci était couverte de miroirs. Je m'assis sur la commode verte en bois, qui faisait face à la glace principale, et restai figée face à mon reflet. J'observai chaque détail de mon visage, scrutant mon corps, comme si le miroir pouvait m'apporter une solution pour échapper à cette douleur.

Les larmes continuaient à couler sur mes joues. Je restai quelques instants à suivre le chemin qu'elles y traçaient. Chaque goutte y laissait la marque d'une émotion intense et amère.

Puis je me dirigeai vers la porte coulissante du meuble de la salle de bains et je l'ouvris. C'était là que Bernard rangeait ses affaires. Je m'emparai de la mousse à raser et l'étalai sur mon visage. Je pris un rasoir puis commençai à me raser...

Quel pouvait bien être l'intérêt de faire cela pour une fille de cet âge-là, qui plus est sans la moindre pilosité ? Je priais pour que personne n'entre dans la salle de bains. Aujourd'hui encore, je ne saurais dire pourquoi j'ai ressenti ce besoin à ce moment précis, j'ai simplement écouté ce que me disait mon intuition. Pendant que j'étais en train de passer la lame sur mon visage, je sentais que cette balance intérieure avait soudain rebasculé vers un état de bonheur, comme si c'était la bonne direction, le bon chemin. Mes pleurs avaient cessé et, sur mon visage, là où quelques instants plus tôt mes larmes coulaient, c'était comme si la lumière s'était rallumée.

Alors que plus tôt, j'étais terrifiée, ma tête comme encombrée de gros nuages noirs, le soleil semblait revenu et tout devenait calme en moi. Mon corps n'était plus crispé. J'inspirais profondément. Toutes les idées qui tournaient dans ma tête s'étaient apaisées, elles étaient focalisées sur l'instant présent et non plus sur un futur qui me terrorisait. C'était comme si tout en moi, mon corps, ma tête et même mon cœur faisaient la paix. J'avais la sensation qu'un fluide chaud se répandait dans tout mon corps.

Ce fut de courte durée, car une fois la porte de la salle de bains déverrouillée, la réalité revint, impitoyable.

* * *

À cette époque, je n'avais pas de poitrine, elle n'était pas encore développée. J'avais donc le torse plat et j'adorais cela. Je me souviens encore de la fascination qu'exerçait sur moi le corps des hommes adultes. Chaque soir, je me rendais dans la petite pièce qui jouxtait ma chambre où étaient rangés différents vêtements, et je faisais des pompes et des abdos en plaçant mes pieds sous l'armoire en espérant avoir un jour un corps musclé. Pour ce qui est de l'attribut entre mes jambes, c'était bien différent. Je ne le détestais pas, mais je ne le comprenais pas. On m'avait appris que cela appartenait aux femmes et ce n'était pourtant pas ainsi que je me percevais. J'étais habitée par un sentiment d'incompréhension.

Après le dîner j'avais pour habitude d'aller dans ma chambre. Un soir, je me dirigeai vers ma commode et tirai le tiroir où étaient rangés mes sous-vêtements. J'y pris mon dessous préféré. C'était un slip pour garçon bleu-turquoise, j'attrapai une paire de chaussettes que je glissai à l'intérieur et m'avançai vers un miroir. Quand je me vis, je ressentis quelque chose de spécial, comme si toutes les étoiles s'étaient allumées. On aurait dit que le temps s'était arrêté. Je me sentais heureuse. Mon cœur battait une fête joyeuse, j'avais l'impression d'entrer dans un monde merveilleux où j'étais enfin moi-même.

Ces moments faisaient partie de mon jardin secret dont personne n'avait connaissance. Je ressentais au fond de moi qu'ils risquaient d'être perçus comme malsains par les autres ; comme si ce que je faisais était mal. D'ailleurs, il est relativement fréquent pour les enfants d'explorer et de jouer avec différentes expressions de genre au cours de leur développement. Cette exploration est souvent une partie normale du processus de construction de l'identité. Bien sûr, il est important de se souvenir que chaque enfant est unique et ces explorations peuvent varier. Certains enfants peuvent être plus curieux et aventureux dans l'exploration des rôles de genre et d'autres peuvent être plus conformes aux attentes traditionnelles.

Au sein de ma famille, auprès de mes proches, je me sentais en sécurité même si mon entourage n'avait pas connaissance ni réellement conscience de ce qui se tramait en moi. Le fait de ne rien dire n'était pas volontaire, mais je ne comprenais pas moi-même ce qui se passait, et ce n'était pas encore un fardeau très lourd à porter. Je ne voyais pas cela comme une priorité, pour moi il y avait des choses plus importantes, comme ma mère.

Dès ma plus tendre enfance, j'ai été le témoin et la spectatrice impuissante de ses tourments. Mon esprit était constamment accaparé par ses souffrances. Lorsqu'elle défaillait, c'était comme si je partageais sa douleur. Je n'avais qu'une seule idée en tête : trouver comment aider et sauver ma mère qui était en train de se détruire à petit feu.

3
Démons et secrets maternels

Tout comme la santé de ma mère, en dépit de l'amour flagrant qui unissait Cathy et Bernard, je voyais et ressentais les choses se dégrader entre eux. Des disputes éclataient de plus en plus fréquemment, et je constatais que Bernard tentait d'aider ma mère comme il le pouvait, mais qu'il demeurait impuissant, tout comme moi, face à sa souffrance.

Ma mère dut faire face à des moments difficiles durant sa vie. Elle se mesura à des défis complexes, des épreuves que nul être humain ne mérite de subir, et qui laissèrent des marques profondes et indélébiles en elle. Lorsque nous étions enfants, ma sœur et moi, nous étions souvent témoins des tourments de notre mère. Parfois, elle parvenait à nous en protéger, parfois non. Je la voyais pleurer fréquemment et je lui demandais alors la raison de sa tristesse, la même réponse revenait systématiquement : « Ce n'est rien, ne t'en fais pas, ça va passer. » Voir ma mère pleurer était absolument déchirant. Sa douleur devenait la nôtre. Cela dura plusieurs années durant lesquelles je la vis perdre pied petit à petit. Le poids de ses blessures intérieures était tel qu'elle trouva refuge dans l'échappatoire destructrice de l'alcool. Au début, elle ne buvait qu'une fois par semaine, on la voyait complètement perdue, titubant, incapable de rester debout, puis peu à peu cela devint plus fréquent.

Un soir, vers mes huit ans, alors que j'étais dans ma chambre comme à mon habitude, j'entendis deux bouteilles s'entrechoquer. Je descendis discrètement quelques marches pour voir ce qu'il se passait. Sous l'escalier se trouvait un petit renfoncement avec un rideau vert, et c'est de là que je vis ma mère prendre une bouteille de whisky, dévisser le bouchon et boire directement au goulot, avant de la reboucher discrètement et de la remettre à sa place. Je regagnai ma chambre en colère sans comprendre pourquoi elle agissait ainsi. Mais il m'était impossible de garder cela pour moi, je redescendis dans le salon pour lui demander directement. « Maman je t'ai vue, pourquoi bois-tu en cachette ? » Sa seule défense fut de nier en bloc. Ses mensonges me mettaient encore plus en colère, car je n'étais pas aveugle et je ne comprenais pas pourquoi elle refusait de me dire la vérité.

Je devais trouver une solution pour l'aider. Je ne pouvais pas rester les bras croisés à regarder ma mère se détruire. Alors, je me mis à la chasse aux bouteilles. J'attendais qu'elle s'absente ou qu'elle s'endorme l'après-midi et discrètement je faisais le tour de toute la maison. Sous l'escalier, dans la pièce à chaussures, sous l'évier derrière les produits ménagers, dans les armoires derrière les vêtements, tout y passait. Avec le temps et mon sens de l'observation, je connus bientôt toutes ses cachettes. Une fois trouvées, je vidais une à une toutes ses bouteilles dans l'évier, chaque centilitre d'alcool aspiré par le siphon était une victoire de plus pour moi. Je laissais ensuite leurs cadavres bien en évidence sur la table pour qu'elle les voie.

C'était avec une grande appréhension que je faisais cela, consciente des conséquences de mes actes. À chaque fois, cela mettait ma mère dans une colère démesurée, je subissais alors ses reproches et insultes. Malgré cela, je savais au fond de moi que c'était la bonne chose à faire, que ses paroles ne reflétaient pas sa pensée, même si celles-ci me blessaient. Je ne pouvais pas rester impassible face à la destruction de ma mère, elle était tout ce que j'avais.

Chaque trajet en bus pour rentrer à la maison était marqué par cette crainte de la retrouver allongée sur le canapé, déconnectée du monde ou plongée dans un sommeil profond, bercée par les vapeurs du whisky.

En plus de ma traque quotidienne des bouteilles, je lui écrivais régulièrement des lettres exprimant mon amour, lui demandant une seule chose : qu'elle cesse de boire. « Maman si tu nous aimes, Camille et moi, tu dois arrêter de boire », écrivais-je. Le 25 décembre, une autre lettre disait : « Pour Noël, j'aimerais que tu arrêtes de boire s'il te plaît maman. » Alors que la plupart des enfants de huit ans étaient captivés par la magie de cette période, j'étais obnubilée par le désir de voir ma mère remonter à la surface. Lorsqu'elle lisait mes lettres, elle pleurait souvent, et à cet âge-là, j'interprétais ses larmes comme une promesse de changement, scellée par un câlin tendre. Je pensais que c'était enfin terminé, alors je partais, heureuse. Jusqu'à ce que cela recommence quelques jours plus tard, me laissant éprouver des sentiments terribles de colère et de trahison. Le cycle se répétait sans que je comprenne pourquoi elle agissait ainsi. Un jour en rentrant à la maison, je la trouvai encore une fois complètement ivre. La colère s'empara de moi. Je ne lui faisais plus confiance. Toute ma tristesse jaillit, avec des mots durs je lui dis qu'une maman ne devait pas se comporter ainsi et qu'elle nous faisait beaucoup de mal. Ces paroles n'étaient que le reflet de ma propre souffrance.

C'est là que tout explosa. Ma mère entra dans une rage noire révélant le secret qu'elle cachait depuis toutes ces années, me laissant complètement sans voix. Ce jour-là quelque chose s'éveilla en moi, comme si je comprenais enfin l'ampleur de sa souffrance. Cette discussion s'acheva par des pleurs pour nous deux, comme bien souvent, et je me blottis simplement contre elle.

Les choses suivirent leur cours, je continuais la chasse aux bouteilles essayant par tous les moyens de l'aider, sans rien laisser paraître à l'école de ce qui se passait à la maison. J'en avais honte, car je savais que ce que je traversais serait perçu comme quelque chose d'anormal. Dès cet âge-là, je me demandais pourquoi je vivais cela alors que la plupart des enfants n'étaient pas concernés. Je trouvais cela injuste.

Chaque jour arrosé de ma mère représentait un défi, un conflit intérieur pour moi. Son mal-être et les faux espoirs qu'elle me donnait m'entraînaient souvent dans un tourbillon de colère. Des paroles blessantes franchissaient le seuil de mes lèvres comme des flèches empoisonnées et la tension entre nous devenait insupportable. Je claquais les portes, les murs tremblaient et notre relation naviguait entre les écueils de nos différentes émotions. Mais un soir, la situation atteignit un point de non-retour. Les cris cédèrent la place aux gestes violents. Dans un accès de rage, elle m'attrapa par les cheveux, qui étaient mon point sensible. Ma sœur, témoin de la scène, me défendit, refusant de rester passive. Ce jour-là, je pris une décision radicale. J'emballai précipitamment des affaires que je jugeais essentielles, celles auxquelles je tenais, et je quittai la maison en claquant la porte. Hors de moi, je m'éloignai à pied, jusqu'à l'abri de bus près de l'église, là où je pouvais me réfugier, loin des regards du village. L'odeur nauséabonde et l'état déplorable du lieu ne me dissuadèrent pas de m'y asseoir, laissant ma colère s'apaiser pour laisser place à une tristesse profonde. J'espérais secrètement qu'elle viendrait me chercher, mais la nuit s'installa, le froid se fit plus mordant et elle ne vint pas. Finalement incapable de dormir dans ces conditions, je retournai à la maison, sans prononcer un mot. Une période de silence s'ensuivit, pendant laquelle nous ne nous adressions plus la parole. C'était généralement dans ces moments de rupture que ma mère se rapprochait, présentant des excuses sincères pour ces actes. Je m'excusais aussi et la réconciliation avait lieu dans l'amour.

Quelques mois plus tard, tout dérapa plus terriblement encore. Nos mots et nos gestes atteignirent un nouveau sommet de violence. Pour la première fois, je reçus une claque, c'était une limite physique qui n'avait jamais été franchie. Cette fois-ci, je décidai de briser le silence et de composer un numéro que je connaissais par cœur, celui de ma grand-mère. Sa voix rassurante me guida dans l'obscurité de ma nuit, tandis qu'elle promit de nous venir en aide. Mon grand-père vint nous chercher, nous emmenant loin de la maison, hors de la vue de ma mère. Chez nos grands-parents, la colère se poursuivit. Ma grand-mère était indignée par les actes de sa fille. Le téléphone sonna, c'était ma mère, elle avait compris que nous étions parties. Elle menaça de venir nous chercher, mais ma grand-mère lui tint tête et refusa. Lorsque plus tard elle se présenta en furie chez mes grands-parents, la situation dégénéra. Ma mère exigea que nous rentrions avec elle, mais ma grand-mère, pourtant d'une bien plus petite stature, n'hésita pas à la gifler pour la première fois. La tension avait atteint son paroxysme, tandis que ma mère se battait pour nous, voulant continuer à tenir son rôle. Je vis alors l'amour incommensurable qu'elle nous portait. Ma colère s'évanouit, laissant place au désir d'être à ses côtés. Cette nuit-là, ma mère resta chez mes grands-parents jusqu'à ce que les dernières vapeurs d'alcool se soient dissipées, puis nous repartîmes avec elle. C'est dans ces moments de ruptures et de retrouvailles que je prenais la mesure du lien complexe d'amour et de souffrance qui nous liait.

Sa relation avec Bernard se dégradait de plus en plus à cause de l'alcool. Plusieurs fois, lors de leurs violentes disputes, ma mère se mit à crier au point de réveiller tout le village. En haut, dans notre chambre, nous étions tirées du sommeil par ces éclats de voix : « Camille et Jeanne, levez-vous, on dégage ! » Pressentant la colère de notre mère, nous sortions très vite de notre lit. Ma mère montait les escaliers avec de grands sacs-poubelle, ouvrait toutes les armoires, jetait les vêtements dedans et chargeait la voiture tout hurlant. Bernard essayait toujours de la raisonner, mais Cathy campait sur ses positions. Une fois la voiture pleine, elle conduisait sans savoir où aller, une conduite qui nous terrorisait, car on savait qu'elle était sous l'empire de l'alcool.

Une fois tout particulièrement, j'eus extrêmement peur, un lourd silence pesait dans la voiture, la rage de notre mère était palpable. La tension et la souffrance étaient tangibles dans l'habitacle et la crainte d'un danger imminent se faisait sentir. En effet, la voiture flirtait de plus en plus avec le bas-côté. Traversant le village à une vitesse inquiétante, chaque virage ajoutait à la menace. Soudain, une intersection avec en son centre un chêne spectaculaire se présenta. Mon cœur se serrait à mesure que la voiture s'en rapprochait. Ma sœur et moi étions pétrifiées, notre mère conduisait aveuglée par sa fureur. En une fraction de seconde qui me parut une éternité, la voiture s'écrasa contre l'arbre. L'instinct maternel lui fit tendre le bras pour me protéger, car je n'avais pas eu le temps d'attacher ma ceinture. Le choc fit défiler ma vie devant mes yeux, je pensais que c'était la fin. Le véhicule immobilisé, rassurées d'être en vie et indemnes, nous restâmes contre notre mère. Bernard vint nous récupérer, ramenant nos affaires à la maison. Malgré cette routine où se succédaient des épisodes tumultueux et où les départs précipités, comme en pleine guerre, étaient devenus monnaie courante, la vie continuait.

Après des événements tels que celui-ci, une période de calme s'installait toujours, la prochaine tempête semblait loin. Cathy, ayant confié à Bernard les souffrances qu'elle avait endurées depuis son plus jeune âge et qui expliquaient certains de ses comportements, était entourée de bienveillance et d'amour par lui. Ensemble, ils prenaient toujours le temps de discuter, d'essayer de comprendre la situation et décidaient malgré tout de poursuivre leur parcours en surmontant les épreuves qui se dressaient sur leur chemin.

Même dans ces moments difficiles, l'espoir m'animait. Je refusais d'accepter l'idée que ma mère, cet être extraordinaire à mes yeux, puisse continuer à se détruire sans possibilité de rédemption. Bien consciente des limites que m'imposait mon âge pour l'aider avec efficacité, je me contentais de ce que je savais faire de mieux, lui offrir tout mon amour.

Je grandis ainsi en côtoyant ma mère, mais aussi les armes destructrices qu'étaient l'alcool et l'anorexie dont elle souffrait depuis l'enfance.

* * *

À ce moment-là, j'avais mon propre style vestimentaire, portant uniquement des vêtements et chaussures pour garçons. La plupart des gens qui ne me connaissaient pas me prenaient d'ailleurs pour un garçon, ce qui n'était pas pour me déplaire. J'avais les cheveux très courts et je consacrais vingt minutes au moins tous les matins pour y appliquer mon gel avant de sortir. Même si on me répétait que j'étais une fille, je me sentais bien lorsqu'on me confondait avec un garçon. Parfois, pour éviter que les autres enfants découvrent la vérité, je mentais sur mon prénom, m'inventant une identité masculine. Ces moments étaient comme un jeu dans lequel je me sentais authentique. En fermant les yeux le soir, je poursuivais ces histoires dans ma tête, m'endormant paisiblement.

Cela dura aussi longtemps que la méprise était possible. Nous allions régulièrement à la piscine. J'appréciais particulièrement le fait de ne porter qu'un bas de maillot de bain, sans le haut. C'était comme être un poisson dans l'eau. Cependant, avec le temps, mon corps se mit à changer.

En pratiquant divers sports comme le football, l'équitation et le taekwondo, des changements sur mon torse commencèrent à se manifester. Une boule apparut du côté droit de ma poitrine en raison de la pratique de ces activités sportives. Après avoir consulté un médecin, le verdict tomba : ma poitrine se développait de manière asymétrique, et je fus contrainte de réduire l'intensité de mes activités sportives. Malgré cela, intérieurement, je continuais à résister, refusant ces transformations.

L'inévitable finit par survenir. Ma mère me dit qu'il était temps de porter des brassières, car mes seins étaient devenus trop visibles. À l'âge de dix ans et demi, ce fut comme si mon monde s'effondrait. Je commençais à entrer dans cette boîte que je redoutais tant, avec la croissance de mes cheveux et la métamorphose de mon corps.

Un soir, en rentrant de l'école, une sensation étrange m'envahit. Ma tête me faisait mal et je ressentais une douleur inconnue dans le ventre. Je n'avais pas l'habitude de ces maux, ma poitrine me lançait atrocement. Inquiète, je me précipitai aux toilettes, et c'est là que quelque chose d'anormal attira mon regard. Paniquée, j'appelai ma mère. Elle arriva et je lui demandai, perdue : « C'est quoi ça, qu'est-ce que ça veut dire ? » D'un ton triomphal, elle m'annonça : « Eh bien, théoriquement cela veut dire que tu es une femme, tu as tes règles à présent. » Dans un mélange de confusion et de désarroi, je l'implorai : « Mais je ne veux pas de ça ! Qu'est-ce que je peux prendre pour ne pas les avoir ? » Sa réponse fut implacable : « Rien du tout Jeanne, c'est la nature, c'est comme ça quand on est une femme, tu auras tes règles chaque mois. » Ses mots résonnaient dans ma tête et la réalité m'avait rattrapée.

Ces dix années passées à jouer le rôle d'un garçon touchaient à leur fin, et il était temps de « grandir », de devenir une femme. Les larmes coulaient, coupant ma respiration tandis que la souffrance de cette prise de conscience me submergeait.

Je résistais à devenir une femme, mais je n'avais pas d'autre choix, c'était la suite inévitable de mon chemin. Après le jour où j'eus mes premières règles, tout sembla s'accélérer de manière fulgurante. Comme si l'évolution de mon corps prenait une trajectoire irréversible, la machine se mettait en marche, sans retour arrière possible.

Je m'apprêtais alors à abandonner cette idée, laissant derrière moi le petit garçon pour embrasser l'expérience d'être une jeune femme dans ce vaste monde.

* * *

Pendant que mon corps poursuivait son cheminement naturel vers cette féminité que je rejetais tant, les souffrances de ma mère continuaient à se faire entendre. Les mois passaient, les départs précipités de la maison de Bernard et les retours s'enchaînaient. Je ne pourrais dire combien de fois je dus ranger rapidement mes affaires dans ces sacs-poubelle, pour ensuite tout remettre en place. Je ne me sentais pas vraiment en sécurité, car au fond, je redoutais le prochain épisode. J'apprenais à faire avec, car il n'y avait pas d'autre choix. Cependant, ces disputes répétées, ces comportements extrêmes ont progressivement laissé Bernard désarmé, ne sachant plus comment aider Cathy à se relever.

Un jour une nouvelle violente dispute éclata entre eux deux. Je ne les avais jamais entendus se quereller aussi intensément. Le pire dans tout ça c'est que je comprenais autant ma mère que Bernard. Je savais que c'était la souffrance qui la poussait à agir ainsi et je voyais bien que Bernard, qui ne supportait plus tout cela, devenait malheureux à son tour. Cette dispute ne trouva aucune issue. Cathy prit la décision de quitter définitivement la maison. S'ensuivit un déménagement, nous n'avions pas grand-chose à transporter hormis nos vêtements. Elle avait trouvé un petit gîte dans un village éloigné, une sorte de chalet au bord d'un étang près de la ferme des propriétaires. Cela devait être temporaire. Nous étions reparties pour une vie à trois, ma mère, ma sœur et moi.

Je me souviens des hivers où le compteur électrique sautait fréquemment, nous plongeant dans l'obscurité et le froid le plus total. Malgré cela, nous nous sentions bien dans ce petit chalet. Il n'était pas grand, mais il nous suffisait.

Le jeu de la chasse aux bouteilles se poursuivait, seul l'environnement avait changé. Je continuais également de voir ma mère perdre du poids. Elle ne mangeait déjà pas beaucoup et ce depuis toujours. Son rapport avec la nourriture était très complexe. Après les repas, je montais sur la mezzanine où se trouvait mon lit et j'entendais ma mère aux toilettes, vomissant le peu d'aliments qu'elle avait ingurgités. L'addiction à l'alcool et l'anorexie étaient deux compagnons qui avaient croisé la route de ma mère quand elle avait eu quatorze ans et ne l'avaient plus jamais quittée. N'ayant connu que cela, je l'acceptais. Mon quotidien était différent de celui de la plupart des enfants, certes, mais c'était ma vie, c'était ma mère.

À ce moment-là, je me disais déjà que si je vivais tout cela, ce n'était pas sans raison. Il est important de savoir que j'avais foi inconditionnellement en Dieu à cette époque. Je suis issu d'une famille pratiquante qui, à l'époque, se rendait à la messe tous les dimanches. Ma mère, quant à elle, ne nous y conduisait jamais et ne nous forçait en rien concernant la religion. De mon côté, je portais toujours un chapelet autour du cou, cela me donnait la sensation d'être protégée et de ne pas être seule. Le soir, quand je me couchais je parlais à Dieu, l'implorant de secourir ma mère et de m'aider à trouver une solution pour elle. Il n'y avait pas un jour où je ne priais pas.

Mon passé m'avait enseigné que résister et se battre contre des éléments que nous ne pouvions contrôler ne faisait que nourrir des souffrances inutiles, nous entraînant dans une spirale de négativité. Résister signifiait non seulement ajouter un fardeau supplémentaire sur mes épaules, mais également sur celles de ma mère. Au plus profond de moi, je savais que je n'étais pas seule. Une voix dans mon cœur me murmurait que tôt ou tard tout cela prendrait fin. Il fallait s'accrocher, continuer à avancer. Je comprenais que ma présence ici avait un sens, même si la route n'était pas aisée.

Les véritables enseignements ne se trouvaient pas sur les bancs de l'école, mais dans le quotidien. C'était de lui que je tirais des leçons d'une valeur inestimable, façonnant un futur où la résilience et la force intérieure occupaient une place primordiale. J'étais convaincue que chaque épreuve traversée avait pour but de me rendre plus forte et meilleure pour l'avenir.

Le temps passa et la situation financière de ma mère, déjà précaire, se détériora plus nettement. Lorsque je devais apporter les cotisations pour la coopérative scolaire ou que l'on devait payer des sorties scolaires, je ne savais pas comment faire, car nous n'avions pas les moyens. À l'école, cela me mettait toujours extrêmement mal à l'aise, alors j'inventais des excuses disant simplement que j'avais oublié.

À côté de cela nous avions toujours à manger, nous allions toutes les semaines aux Restos du Cœur. Certes ce n'était pas varié, mais nous ne manquions jamais de nourriture. Malgré ses difficultés, ma mère prenait soin de nous et faisait en sorte que nos besoins vitaux soient comblés. L'amour, la nourriture et un toit, nous avions les trois.

La réalité finit par nous rattraper. Les impayés s'accumulèrent et nous n'eûmes d'autre choix que de quitter le chalet.

Ne possédant aucun bien, il fallait trouver un meublé. Nous partîmes sur les routes à la recherche d'un logement. Nous tombâmes encore une fois sur des gens merveilleux, tout comme nos anciens propriétaires. Nous déposâmes à nouveau nos valises dans un gîte de France, mais cette fois-ci au cœur d'un village qui ouvrit un nouveau chapitre dans nos vies.

4
L'adolescence

J'avais alors douze ans et l'entrée au collège approchait. Les mois s'écoulaient et mon corps poursuivait sa transformation. Mes cheveux atteignaient maintenant pratiquement mes épaules et ma poitrine était déjà bien développée, remplissant un bonnet B. Ma relation à mon corps demeurait complexe, mais j'essayais d'apprendre à le comprendre, à vivre avec et même à l'apprécier, car je savais qu'il devait correspondre à une réalité permanente. La pilosité aussi fit son apparition. On m'avait appris qu'une femme ne devait pas avoir de poils, alors la mousse à raser que j'appliquais autrefois sur mon visage était désormais destinée à mes jambes, éliminant les dernières traces de « masculinité » et me privant d'un bonheur associé à ma vie d'avant. Chaque passage du rasoir était une souffrance intérieure, car je supprimais les vestiges de ce qui me rendait heureuse, liés à mon moi masculin. En sortant de la douche, je contemplais mon corps, observant les courbes et le chemin qu'il prenait, loin de la direction que j'avais espérée.

Je mis fin à toutes les activités sportives, abandonnant le football, car il fallait maintenant jouer en équipe féminine. Cela me fendait le cœur, car ce n'était pas ce que je voulais. Plus de taekwondo non plus, je me concentrais alors sur l'équitation en allant monter à cheval chez mon oncle. Je remplaçais mes précédents vêtements par des jeans et des hauts pour les filles...

Me trouvant face à l'obligation d'embrasser pleinement la femme que je devenais, je commençais à observer attentivement ma sœur. Elle était passionnée de maquillage, passant des heures à prendre soin d'elle dans la salle de bains. Souvent, en discutant avec elle dans la salle de bains, j'observais discrètement ses gestes, étudiant comment elle utilisait ses fards. Puis elle sortait, et je me préparais mentalement à faire de même, bien que terrifiée à l'idée d'aller à l'encontre de ma véritable identité. Ce conflit intérieur persistait, je le retenais, j'apprenais à le faire taire petit à petit.

Une fois sortie de la douche, le moment était venu d'enfiler des sous-vêtements. Rien que la vue du soutien-gorge posé sur la chaise faisait naître en moi des sentiments désagréables. Il suscitait en moi une réaction de dégoût. Pourtant, je devais le mettre. Je le prenais et imitais ma mère et ma sœur, le passant autour de ma taille, attachant les agrafes devant pour ensuite lui faire faire un demi-tour et glisser mes bras dans les bretelles, les plaçant sur mes épaules. J'étais parée de ce soutien-gorge étonnant. Mon reflet dans le miroir était déstabilisant, car je savais que c'était le mien et pourtant j'avais cette sensation que ce n'était pas moi. Je prenais mon t-shirt, l'enfilais, mais à chacun de mes mouvements se rappelait à moi l'oppression de ce morceau de tissu comprimant ma poitrine.

Poser du mascara sur mes cils constituait en soi une véritable épreuve. Je me regardais dans le miroir, inspirais profondément.

Il m'en fallait du courage… J'ouvrais l'étui, en sortais la brosse enduite et commençais à approcher mon visage du miroir, gardant l'œil bien ouvert pour reproduire les gestes de ma sœur. La pression que je ressentais et l'appréhension d'être surprise me faisaient agir précipitamment. Un geste maladroit me blessait, provoquant une douleur intense. Je m'agonissais intérieurement d'injures, mais le mascara en prenait aussi pour son grade. J'ouvrais les yeux et je comprenais qu'à cause d'un geste brusque, j'en avais mis au-dessus de la paupière. Je décidais de nettoyer et de recommencer.

C'était une épreuve, d'une part parce que cette scène faisait écho à l'intense conflit intérieur que je vivais, et d'autre part en raison de l'obligation d'affronter le regard de mes proches comme celui du monde extérieur, posé sur ce nouveau moi qui changeait inéluctablement. Pendant dix ans, ils m'avaient connue en tant que « petit garçon » qui savait s'affirmer et refusait tout ce qui ne lui correspondait pas. À présent, ils assistaient au développement de cette jeune fille, qui s'engageait désormais sur le chemin de sa féminité.

Après le mascara, je coiffais mes cheveux tout en évitant soigneusement mon reflet dans le miroir. Ce n'est qu'avant de quitter la salle de bains que je m'arrêtais un instant, décidée à faire face à cette image tant redoutée. À ce moment précis, j'étais traversée par le désespoir et l'incompréhension. J'essayais de plonger dans mon propre regard pour comprendre ce qui n'allait pas chez moi, mais cela demeurait une énigme. Je respirais profondément avant de sortir, dissimulant mes émotions comme si de rien n'était. J'espérais que cela passerait inaperçu, mais c'était peine perdue. Ma mère et ma sœur le remarquaient immédiatement et me taquinaient, l'air surpris : « Oh, Jeanne, tu as mis du mascara ! » Si j'avais pu me cacher dans ces instants-là, je l'aurais fait. Je leur demandais pourquoi cela les surprenait tant. Leurs réponses n'étaient qu'amour : « Comme ça, en tout cas tu es très belle cela te va bien ! ». Je les remerciais à demi-mot, car ces compliments censés me faire plaisir produisaient l'effet inverse. Ils venaient appuyer là où cela faisait mal, réveiller en moi ce contre quoi je me battais dans le silence. À cet instant, elles n'auraient jamais pu concevoir ou percevoir le tumulte qui régnait en moi. J'étais l'unique spectatrice de ce chaos.

Le temps passa, et je continuais à me persuader que la vie était ainsi, que ce corps était le mien et que je devais l'accepter et vivre avec celui-ci. Je m'engageais dans cette affirmation intérieure, tout en gardant à l'esprit, dans un coin de ma tête, qu'il y avait quelque chose d'atypique chez moi. Mon pragmatisme me poussait à me dire que c'était naturel, puisque nous sommes tous différents. Pourtant, cette certitude profonde que le cours de ma vie allait être en marge des « normes » persistait. Je me forçais à l'enfouir au plus profond de moi en me répétant constamment : « Tu es Jeanne, tu es en train de devenir la femme que tu dois être. » Cela fonctionnait relativement bien, je voyais que j'étais bel et bien en train d'avancer dans cette direction.

Ce qui ne me facilitait pas réellement les choses, c'était la vitesse à laquelle mon corps et mon apparence évoluaient. À l'âge de douze ans, j'avais déjà connu quelques années de cycles menstruels et je possédais une poitrine comparable à celle d'une femme de vingt ans. Cette réalité me frappa lorsque j'intégrai le collège en 6ᵉ. Dans ma classe de dix-neuf élèves, nous n'étions que deux à être déjà formées ainsi. Mon décalage physique avec les autres était évident, tout comme l'était ma plus grande maturité. J'avais conscience qu'il s'agissait des conséquences de ce que j'avais traversé et de mon passé.

Je n'avais pas d'amies, mon cercle se composait exclusivement de garçons, une bande qui datait de l'époque du primaire et dont la complicité s'était maintenue au collège, accueillant d'autres élèves pour former un groupe solide. Les filles de ma classe étaient majoritairement studieuses et appliquées, une catégorie à laquelle je ne semblais pas appartenir. Tandis que ces élèves entraient dans la cour avant la sonnerie de 8 heures, à l'arrivée de mon bus, je rejoignais mes amis derrière le gymnase pour fumer quelques cigarettes que j'avais piquées dans le paquet de ma mère, avant de me rendre en cours. Pendant les leçons, mon implication était souvent limitée, mon esprit vagabondait. Les différences, tant intérieures qu'extérieures, me donnaient le sentiment de ne pas être au même niveau de conscience que mes camarades, comme si je perdais mon temps. Plus jeune, je nourrissais l'idée de devenir palefrenière, séduite par l'idée de travailler au contact des chevaux. Cependant, comprenant que l'accès aux écoles spécialisées dans le domaine équestre était financièrement inenvisageable, j'avais renoncé à ce rêve. J'allais à l'école par obligation, mais je n'étais pas animée par l'envie. Tandis que certains élèves étaient impliqués dans leurs cours, leurs devoirs, je me perdais dans mes pensées, me questionnant sur la raison de mon mal-être. Était-ce normal ? Une conséquence de ma situation de vie ? Ces interrogations tourmentaient mon esprit en permanence.

Un jour, pendant la récréation, dans une cour où toutes les classes étaient mélangées, de la 6e à la 3e, je me disputai avec un garçon d'une autre classe. Les enfants ne sont pas réputés pour être tendres entre eux, et ce garçon avait eu le malheur d'appuyer sur un point sensible. Il m'avait insultée et avait injurié ma mère. Quelque chose explosa en moi, je vis rouge. S'il y avait bien un sujet sur lequel il ne fallait pas m'attaquer, c'était ma mère. Cette insulte n'était pas simplement des mots vides de sens pour moi. Je pris de l'élan et je lui assénai une droite, avant de saisir sa nuque et de frapper son visage contre les bancs en béton. Je fus envoyée chez le directeur qui me questionna sur les raisons de mon comportement et cette violence. Restant sereine et en paix, je lui dis simplement : « Il n'avait pas à insulter ma mère. » Cela me valut plusieurs jours d'exclusion, bien entendu.

Peu importait si celui qui attaquait l'un de mes proches ou moi-même fut en 6e, 4e ou 3e, cela ne me faisait pas peur. Je me souviens d'une autre fois, où je vis ma sœur, qui à ce moment-là était en 3e, dans la cour de l'école, triste, les yeux noyés de larmes. Je lui demandai ce qui n'allait pas, et elle me dit qu'un garçon s'était moqué de son apparence. C'était l'année où ma sœur subissait des critiques vis-à-vis de son physique et de son poids. Après sa confidence, mon sang ne fit qu'un tour. Sachant qui était le responsable, je n'attendais qu'une seule chose : qu'il passe dans mon champ de vision et soit à ma portée, mes yeux étaient tels des radars, j'étais comme une lionne en chasse guidée par cette rage intérieure. Cela ne loupa pas, l'apercevant, je me mis à courir jusqu'à lui. Il faisait deux têtes de plus que moi, c'était un garçon de 3e, je sautai sur son dos, l'attrapai par le cou, l'insultant à mon tour. Je n'eus pas le temps de décharger toute ma colère, car des surveillants intervinrent pour nous séparer. Je ne comprenais pas pourquoi les êtres humains pouvaient être si cruels, et je perdais mon sang-froid quand j'étais confrontée à leur inhumanité, au point de devenir aussi méchante et violente qu'eux afin de leur faire payer leur comportement. Cette fois-ci, je m'en sortis avec quelques heures de colle.

S'il y avait bien un sujet auquel il ne fallait pas toucher, c'était celui de ma famille. On pouvait m'insulter sans que je perde le contrôle, mais si on s'en prenait aux miens, alors je laissais totalement libre cours à une colère dévastatrice.

C'est ainsi que très tôt je fus frappée de plein fouet par la brutalité des êtres humains. Ma mère, prise au piège des méchancetés des hommes dans son passé, m'exposa par son mode de vie à la férocité des autres. Personne n'avait su la protéger, alors j'assumai désormais ce rôle de protectrice pour ma propre famille. La souffrance de ma sœur, ajoutée à la violence de ceux qui enfonçaient le couteau dans ses blessures ouvertes, me plongeaient dans des états de rage, réveillant le sentiment d'injustice.

Ma priorité était de protéger les miens et si les mots ne suffisaient pas à faire cesser les agissements néfastes, j'employais une méchanceté plus grande pour m'assurer qu'ils comprenaient la leçon. Quoi qu'il en coûtât, j'étais prête à tout pour défendre ma mère et ma sœur. Leur malheur était le mien, et la colère qui brûlait en moi était alimentée par l'amour que je leur portais, ainsi que par ma souffrance profonde que je tentais d'étouffer depuis des années, tel un volcan prêt à entrer en éruption.

* * *

Rapidement, je m'intéressai à un sujet qui laissait la plupart des autres élèves indifférents : les relations amoureuses. Le lien qui pouvait exister entre deux êtres humains me fascinait.

Je me rassurais en me disant que mon intérêt précoce venait de ma plus grande maturité. J'étais le genre d'élève à déchirer un morceau de feuille de mon cahier, à y inscrire la fameuse question « Veux-tu sortir avec moi ? » et les deux petites cases, « Oui » et « Non ». Ensuite, je demandais à mon voisin de prendre ce papier et de le faire passer discrètement jusqu'au destinataire.

Je récupérais souvent ce papier avec la case « Non » cochée par des garçons qui n'étaient pas franchement intéressés par les filles, ce qui, à douze ans, est tout à fait compréhensible. Malgré les nombreux refus que j'essuyais, je n'abandonnais pas. Un jour, le papier me revint avec la case « Oui » biffée. C'est ainsi que j'entamai une amourette avec Paul. Je ne saurais expliquer pourquoi cette attraction fut si forte, si tôt. C'était un besoin qui occupait mes pensées sans que j'en comprenne le sens. Je décidai d'écouter mes sentiments. J'étais en couple avec Paul, vivant ces moments d'amour naissant sous le préau, nous tenant la main, affichant notre relation avec assurance aux yeux de tous. Il ne fallut d'ailleurs que quelques minutes pour que tout le collège soit au courant. Paul était un garçon bien, gentil et respectueux. Il était très attaché à moi, avait des petites attentions et m'écrivait des lettres. Cependant, je finis progressivement par ne plus me sentir à l'aise dans cette histoire. Mon cœur semblait sans cesse balancer d'un garçon à l'autre, c'était insupportable. Un jour, c'était Paul, le lendemain, Jean, puis Romain. À cause de mes hésitations, je pris la décision de mettre fin à notre relation, laissant Paul triste pendant plusieurs jours.

J'ai retrouvé mon journal intime datant de ces années. Je tiens à partager avec toi cette page que j'ai rédigée le 10 décembre 2006.

« Aujourd'hui tout va extrêmement bien, j'ai monté à cheval et c'était trop bien, mais au collège c'est toujours aussi pourave [oui ne me juge pas, c'était à la mode de parler ainsi] avec les garçons. C'est le pire, ça va faire un mois que je suis célib', j'aime un peu Jean, mais autrement je suis en manque de bisous, ça saoule. Autrement, il y a aussi Romain, lui aussi il me plaît, mais c'est pas en claquant des doigts que j'aurai un gars, le pire c'est que je me maquille et je déteste ! Autrement, ça va, mais je suis pressée de retrouver la Jeanne d'avant. »

À la lecture de ces mots, tout s'éclaire aujourd'hui. J'avais l'air de m'être lancée dans une quête effrénée aux garçons qui, semblait-il, détenaient la clé de mon bonheur, une recherche qui me paraissait presque vitale. À travers ces premiers émois juvéniles, je ne cherchais rien d'autre que moi-même. Lorsque j'appliquais ce maquillage que je détestais tant, ce n'était pas pour moi, mais pour le monde extérieur. J'essayais désespérément de fuir ma vérité, la dissimulant derrière un personnage et un comportement qui ne me ressemblaient pas. J'espérais qu'une présence masculine à mes côtés apaiserait ma douleur, voire la ferait disparaître. Je croyais que recevoir de l'amour de la part d'un garçon galvaniserait mon amour-propre, que la clé de mon bonheur se trouvait hors de moi-même.

* * *

Ma sœur et moi passions la plupart des soirées de nos week-ends dehors, dans le village, à discuter soit sur les marches de la salle communale soit sur des bancs ou encore devant des maisons. Nos conversations, qui n'avaient pas de but précis, se prolongeaient jusqu'à ce que la nuit tombe. Un vendredi soir en particulier, nous rentrions chez nous à la nuit tombante, ma mère avait convié une connaissance à la maison. Nous étions réunies toutes les trois lorsque deux silhouettes se dessinèrent derrière la porte vitrée. Bien que ma mère ne connût qu'une personne sur les deux, elle les laissa entrer. Dès qu'ils franchirent le seuil, une énergie étrange, lourde, imprégna l'air. Je ne l'oublierai jamais. Après avoir installé les hommes à table, ma mère leur servit des bières tandis que Camille et moi étions occupées de notre côté, mais pas très loin, le gîte n'offrant que peu d'intimité.

L'alcool commençait à faire effet et l'atmosphère devenait plus oppressante. Ma sœur et moi restions dans le salon, proches, mais silencieuses, accaparées par nos téléphones. C'est alors que l'homme que ma mère ne connaissait pas – il avait trente ans alors que j'en avais treize – et qui avait déjà eu des propos déplacés envers moi – « qu'est-ce qu'elle est bonne, elle aurait quelques années de plus, je la niquerais bien » – sortit un revolver de son pantalon et le posa sur la table de la cuisine. Ma mère lui demanda ce qu'il faisait avec cela, ce à quoi il répondit avec un sourire provocateur qu'il l'avait toujours sur lui.

On sentit la tension monter encore d'un cran et ma mère tenta de mettre fin à la soirée. Elle ne montrait pas sa peur à ces hommes, mais je la devinais dans ses yeux. L'homme continuait à tenir des propos déplacées et une rage sourde grandissait en chacune de nous. Camille, habitée par un mauvais pressentiment et guidée par un instinct de survie, décida de nous faire prendre à toutes deux la direction de notre chambre. Une fois à l'intérieur, la peur ne finissait pas de nous étreindre. En entendant notre mère lui dire de ne pas toucher à ses filles, et le rire provocateur accompagné de menaces qui lui répondit, nous barricadâmes la porte avec une commode lorraine. L'atmosphère était électrique, l'angoisse palpable.

La nuit avançait, finalement l'ami de ma mère raisonna son compagnon, lui demandant d'arrêter et de ranger son arme. Enfin, la porte d'entrée s'ouvrit et les hommes quittèrent la maison, laissant derrière eux un calme précaire. Nous étions tremblantes, mais indemnes.

Le lendemain, comme à l'accoutumée, nous allâmes manger chez nos grands-parents. Camille raconta l'incident à notre oncle Vincent. Connaissant l'homme en question, Vincent sans dire un mot partit le retrouver à son domicile. Ce qui se passa réellement demeure un mystère, mais une chose est certaine : cet homme ne nous approcha plus jamais.

Grâce à ces expériences, je compris que la souffrance nous rendait vulnérables, et nous exposait à des personnes qui n'étaient pas toujours bien intentionnées.

* * *

La fin de l'année scolaire approchait. Cela annonçait le début des vacances tant espérées. C'était toujours le moment que j'attendais avec le plus d'impatience. Durant ces longues semaines, mes journées se résumaient à m'occuper du matin au soir de chevaux et à les monter. Les festivités à la maison étaient monnaie courante, et nous voyions défiler des amis, toutes générations confondues. C'est au cours de cette période que j'expérimentai ma première cuite, un baptême dont le souvenir ne me quitta jamais. Les tequilas paf se révélèrent très cruelles. Le lendemain, confrontée à une gueule de bois épique, je crus sérieusement que ma fin était proche tant je me sentais mal. À l'époque, j'avais conscience que la plupart des jeunes de mon âge ne vivaient pas ces expériences. L'âge pour moi n'était qu'un nombre, et je me sentais plus en phase avec des personnes plus âgées.

Lors de ces soirées, une certaine appréhension pesait toujours sur moi, car bien que l'objectif fût de passer un bon moment, je savais que ma mère et l'alcool ne faisaient pas souvent bon ménage. Ses souffrances refaisaient alors surface, tels des spectres redoutés. Elle semblait posséder plusieurs visages, comme composant un puzzle complexe. Au départ, elle gardait le contrôle, affichant un sourire rayonnant, une véritable joie de vivre. Puis, à mesure que les verres s'enchaînaient, ce sourire s'évanouissait, révélant une femme sans filtre. La tristesse s'invitait, parfois remplacée par la colère et la haine. Une crainte me hantait, celle que les personnes présentes découvrent ses facettes fragiles. J'éprouvais le besoin de protéger ma mère et notre intimité, car pour moi, cette histoire n'appartenait qu'à nous. Dans ces instants, je savais que l'alcool prenait le contrôle, mettant à nu toutes les douleurs de ma mère, qu'il les faisait ressurgir avec une intensité redoutable. Sobre, elle gardait tout en elle, dissimulant chaque souvenir douloureux. Je redoutais qu'elle se libère de leur poids alors qu'elle n'était pas pleinement consciente, que ce contrôle qu'elle avait d'elle-même lui échappe des mains. Au fil du temps, notre entourage aperçut les contours de son mal-être, qu'elle noyait dans l'alcool. Sans connaître les détails de son histoire, ils comprirent qu'un mal la rongeait. Ce qui me toucha profondément, c'est que tous ceux qui participèrent à ces soirées voyaient au-delà de ses comportements parfois limite. Ils appréciaient ma mère pour ce qu'elle était, au-delà de ses démons, comme s'ils percevaient la beauté de son âme.

Personne ne sombre volontairement dans des addictions comme l'alcool, la drogue ou l'anorexie. Aucun être humain ne choisit délibérément de s'engager dans une voie de destruction en se disant, avec enthousiasme : « Je vais ruiner ma vie, cela va être génial. » Certains individus perdent pied et trouvent refuge dans ces échappatoires parce qu'ils n'arrivent pas à affronter ce qui se trouve en eux.

Qui sommes-nous pour les juger ?

Nous sommes bien peu de chose et la vie elle-même est pleine d'incertitudes. Personne n'est condamné.

Dans ma propre famille, la plupart des gens ont blâmé ma mère, affirmant qu'il en serait toujours ainsi, qu'il n'y avait rien à y faire. Entendre de tels propos, parfois même de ses propres parents, frères et sœurs me mettait en rage. Cependant je suis convaincu que rien n'est jamais perdu. Tant que la personne a la force d'ouvrir les yeux, il y a de l'espoir, même si les voix autour d'elle murmurent le contraire.

Il subsiste des braises à l'intérieur de ceux qui souffrent, attendant simplement d'être ravivées. Alors, oui, tant qu'il y a de la vie, l'espoir subsiste.

N'oublie jamais ça.

* * *

Le regard des autres sur soi n'était pas une chose facile à vivre, surtout en tant qu'adolescente en pleine construction. Les aléas de la vie pouvaient rendre ces situations embarrassantes encore plus difficiles. Chaque mois, depuis plusieurs années, je vivais l'enfer du cycle menstruel. On pourrait penser que ce n'était dérangeant que pendant le cycle, mais pour ma part cela commençait bien en amont. Avant même que les règles ne se manifestent, je traversais une semaine d'enfer avec migraines, douleurs intenses à la poitrine, maux de dos et dans le bas du ventre. Les années passèrent, mais le sentiment d'injustice, de colère et de dégoût faisait partie de moi, même si j'avais fini par accepter que faire face à ces symptômes fût intrinsèquement lié à ma condition de femme. Pendant cette semaine les précédant, les mêmes questions tourbillonnaient dans mon esprit. Pourquoi avais-je mes règles alors que je n'aurais pas dû les avoir ? Pourquoi avais-je la sensation que ce corps n'était pas le mien ? Qu'avais-je fait pour mériter cela ? Des questions sans réponse, qui se noyaient dans le silence.

Je me souviens en particulier d'un jour au collège. Normalement, la semaine avant mes règles, j'éprouvais quelques douleurs, mais qui restaient supportables. Ce matin-là je ne sais quelle idée me traversa l'esprit, mais je décidai d'enfiler un pantalon blanc, pensant qu'elles n'arriveraient que la semaine suivante. Les deux premières heures de cours passèrent, la sonnerie de la récréation retentit, et je me dirigeai vers la cour. Des élèves rirent à mon passage, mais je ne relevai pas. Quand une fille de 4e me dit que j'avais taché l'arrière de mon pantalon, je ne compris pas tout de suite. En me regardant dans la porte vitrée, je découvris une énorme tache de sang. Mes règles avaient décidé de pointer leur nez en avance et je ressentis une gêne intense.

Je décidai de nouer ma veste autour de ma taille pour cacher le désastre et fonçai aux toilettes. J'ouvris la poche de mon sac en espérant y trouver une serviette hygiénique, mais il n'y en avait pas. J'avais oublié d'en mettre. J'étais dans une situation bien embarrassante. J'entendais des filles parler devant les miroirs. Je pris mon courage à deux mains et leur demandai si elles pouvaient me dépanner d'une protection. Leur réponse fut sans appel : « Non désolées, on n'a pas encore nos règles. »

Je retournai dans les toilettes, je ne savais que faire. Système D, je déroulai le papier toilette pour fabriquer une serviette hygiénique de fortune. Je savais bien que cela ne me protégerait pas longtemps. Je me demandais quand ce moment gênant prendrait fin. Je toquai à la porte du bureau des surveillants, mal à l'aise.

« Bonjour, ça serait pour savoir si vous aviez une serviette hygiénique, s'il vous plaît. »

Je n'avais qu'une seule envie : fuir le plus loin possible.

Les hommes surveillants affichaient un sourire qui en disait long. C'est une surveillante agissant avec beaucoup de bienveillance qui me tendit discrètement une serviette hygiénique.

Je passai la journée avec ma veste autour de ma taille, supportant les regards des autres élèves qui savaient très bien pourquoi j'étais accoutrée ainsi. Cependant, il était hors de question que je me démonte sous leurs regards. Même si j'étais terriblement embarrassée, je restais de marbre, droite, assumant simplement les choses. Je ne laissais rien transparaître sur mon visage.

Mais dans mon for intérieur, j'en voulais à la terre entière. Je ressentais une profonde colère accompagnée d'un grand dégoût envers moi-même. Je ne comprenais pas pourquoi j'étais traversée par ces émotions alors qu'avoir ses règles faisait partie de la vie d'une femme. Une question résonnait encore et encore en moi : « Qu'est-ce qui ne va pas chez moi ? »

Par ailleurs, le déshabillage dans les vestiaires constituait une épreuve angoissante. M'y retrouver seule, entourée de jeunes filles, provoquait en moi une sensation désagréable. J'avais l'impression de ne pas être à ma place, je ne comprenais pas ce que je faisais là.

Généralement, je rentrais et me plaçais dans un coin gardant les yeux rivés sur le mur, me changeant à la vitesse de la lumière pour m'extirper de là au plus vite. Les filles étaient totalement à l'aise entre elles, se dévêtant sans gêne, riant ensemble. Parfois, je m'asseyais discrètement et les observais, cherchant des indices qui pourraient m'aider à me réconcilier avec mon corps. Mais je me sentais comme un imposteur, une voyeuse qui regardait les filles alors qu'elle n'en avait pas le droit, alors je détournais très vite le regard. Une fois sortie des vestiaires et la séance d'EPS commencée, je rentrais dans une bulle dans laquelle je me sentais bien. S'il y avait bien une matière dans laquelle j'excellais, c'était le sport. J'adorais ces cours, peu importe l'activité que nous pratiquions. C'était mon moment de la semaine où j'arrivais à mettre en pause mon quotidien, toutes ces pensées tristes, toutes ces souffrances. J'étais pleinement dans l'instant présent.

La normalité, telle que vécue par la majorité des jeunes filles de mon âge, ne faisait pas partie de ma réalité. Au collège, nous formions une infime minorité de jeunes filles pubères, nos corps pleinement développés nous donnaient l'air plus mature que nos douze ans. Mon esprit avait depuis longtemps quitté l'innocence de l'enfance. Au lieu de faciliter les choses, cela avait accentué le sentiment de décalage avec mes camarades, me donnant l'impression de ne pas appartenir à leur monde.

Par moments, j'enviais ces filles aux corps de jeunes adolescentes en devenir dont les préoccupations se limitaient au cours suivant. Alors qu'elles avaient des pensées insouciantes, les miennes voguaient vers les problèmes de la maison, craignant de retrouver ma mère ivre. Je me demandais ce que cela faisait d'avoir une vie simple, sans se soucier du loyer à payer ou des courses à faire.

Cependant la réalité m'obligeait à affronter ces pensées et à les intégrer dans ma vie quotidienne. Je prenais conscience des inconvénients de cette existence atypique, mais également des avantages que m'offraient ces perceptions différentes.

Il existe plusieurs formes d'intelligence, celle académique et celle émotionnelle, et je n'évoluais tout simplement pas sur la même fréquence que les autres. Bien que je croie avoir raté l'opportunité de poursuivre mes études, le temps m'a montré que j'ai tiré de la vie des leçons inestimables, qui dépassent celles qu'on peut apprendre dans les manuels scolaires.

La vie met sur notre chemin des difficultés, mais nous avons les ressources pour les surmonter. Notre esprit au départ est un diamant brut qui peu à peu est taillé par ces expériences.

Aujourd'hui, je n'échangerais les épreuves traversées durant ma jeunesse pour rien au monde, car elles font partie intégrante de mon parcours et ont contribué à forger l'adulte que je suis devenu.

* * *

Au sein de mon corps, étonnamment mature pour mon âge, une danse ambiguë avec l'identité féminine s'était déployée, composée de fards, de vêtements soigneusement choisis et d'une parfaite représentation. Je me plongeais dans un jeu de rôle complexe, adoptant la posture d'une femme consciente de son charme, prête à jouer de ses atouts pour obtenir ce qu'elle désirait. L'art de dissimuler mes véritables sentiments derrière un masque de confiance était devenu ma seconde nature. Malgré mon aversion pour le maquillage, j'en mettais dans l'espoir qu'à force de le porter, le rejet se transformerait en appréciation. Les jeans ajustés, les sous-vêtements féminins, chaque pièce de ce puzzle était une tentative calculée de recevoir l'approbation extérieure, particulièrement celle des hommes, qui semblaient être les juges les plus sévères de ma féminité. Dehors, j'affichais fièrement la femme que je prétendais être, mais en dedans les pensées tourbillonnaient, je ne rêvais que de me débarrasser de ces vêtements contraignants et de ce maquillage qui me donnaient encore plus l'impression de porter un masque.

La spirale obscure commença lorsque deux garçons, Julien et Florian, figures populaires dans les classes supérieures, décidèrent d'assumer ouvertement leur intérêt pour moi. Leur jeu de séduction se transforma rapidement en un duel cruel. Ils s'étaient lancé un défi pour savoir qui conquerrait Jeanne.

Florian, le rugbyman séducteur, fut le premier à entrer dans cette compétition, mais quand je découvris être l'objet d'un pari, j'en ressentis une humiliation profonde. Je pris donc le temps de clarifier les choses avec lui, mettant fin à cette farce.

Avec Julien, ce fut différent. Ses excuses sincères me mirent face à un dilemme. Malgré son attitude immature, son côté « viril » – son corps était plus développé que les autres garçons de notre classe – attira mon attention et je décidai de lui laisser sa chance. Au fil des mois, notre relation évolua. Julien m'exprimait ouvertement son amour et son désir. Ma capacité à manipuler le désir masculin était une arme que j'utilisais consciemment, malgré la dualité troublante dans laquelle me jetaient mes propres sentiments. Dans ces moments intimes, je découvrais une nouvelle facette de ma personnalité. J'aimais ressentir mon pouvoir, mais ne pouvais me départir d'une forme de malaise.

L'apogée de cette confusion se produisit lors d'une journée chez lui, où l'interdit était devenu un jeu excitant. Le prétexte de regarder un film masquait à peine nos véritables intentions, mais je gardais le silence, détenant le contrôle de ce jeu subtil.

La première rencontre avec le corps nu de Julien dans l'intimité de sa chambre révéla une palette confuse d'émotions. Son désir ardent se heurtait à l'absence d'attraction réciproque. Je me retrouvai à découvrir son corps avec une distance émotionnelle déconcertante. La puissance que je ressentais était entrelacée d'un sentiment d'imposture mêlé à une impression de souillure. La prise de conscience brutale que je n'éprouvais pas l'excitation sexuelle espérée, mais plutôt de l'admiration et de la jalousie pour son corps masculin, déclencha une crise intérieure.

La journée se termina dans un grand trouble émotionnel, me laissant désemparée devant cette énigme complexe formée de ressentis divers. La décision de mettre fin à la relation m'apparut inévitable, plongeant Julien dans une détresse profonde. Il perdit pied et sombra dans une période difficile. Les semaines d'hospitalisation psychiatrique qui suivirent furent une épreuve pour lui.

Éloignée de lui, une myriade de questions bourdonnait dans ma tête. La recherche de réponses me poussa à passer à autre chose, mais les interrogations persistèrent. C'était un mystère que je ne parvenais pas à élucider. Entre la découverte du désir masculin et mes propres émotions, je continuais à explorer la sphère des relations amoureuses et sexuelles. Je me forçai à rationaliser cet épisode comme une phase normale des relations humaines.

Même si ce jeu de rôle ne m'enthousiasmait guère, je trouvais du réconfort dans l'idée que j'apprivoisais progressivement mon identité de femme. Ce chemin était jalonné de relations avec différents garçons, mais se concluait invariablement de la même manière, par des échecs. Comme si chaque interaction suivait un script préétabli, la phase de séduction me procurant d'abord un sentiment de bien-être, laissant émerger le désir de l'autre.

Je prenais conscience des courbes de mon corps, le trouvant même beau d'un point de vue extérieur. Le pouvoir qu'il me conférait sur la gent masculine me satisfaisait pleinement. Puis une phrase concrète s'installait, m'engageant dans une routine où les garçons exprimaient leurs intérêts et désirs les plus profonds, éveillant en moi des émotions étranges.

Face à eux, une jalousie profonde m'envahissait. Pourquoi entretenais-je ce jeu malsain, consciente que j'étais la seule à y voir clair ? Quelle force obscure me poussait dans cette direction ?

Je ne percevais aucune limite, persuadée que les échecs de mes relations étaient liés au garçon en question. Peut-être manquait-il quelque chose, une clé, expliquant la répétition des mêmes conclusions à ces histoires. Les conséquences de ce jeu dangereux me rattrapèrent un jour.

* * *

Lors d'une soirée organisée dans un autre village, je rencontrai Éric, un jeune homme de dix-huit ans au passé trouble et à la réputation de *bad boy*. L'aura qu'il dégageait le rendait très sensuel et il attirait de nombreuses femmes. Sous l'influence de l'alcool, une effervescence imprévisible anima la soirée. Isolés près de la voiture, Éric et moi nous lançâmes dans un jeu de désirs passionné. Dès cet instant, la différence se fit sentir. Sous l'empire de l'alcool, mon corps réagissait étrangement et ma pleine conscience s'éclipsait.

Chaque geste d'Éric semblait porté par une énergie malveillante, annonciatrice de danger. Dans le feu de l'action, je négligeais ces signaux, assumant toujours mon rôle de femme sûre d'elle. Il m'invita chez une amie à lui pour prolonger la soirée.

Ivre au-delà du raisonnable, je peinais à marcher. Un coin de mon esprit restait pourtant lucide et mon intuition me disait de fuir. Il m'aida à monter dans une chambre et m'allongea sur une couette, à même le sol. En moi la confusion régnait et mon esprit était incapable de comprendre ce qui se passait.

Éric, sans ménagement, entreprit de me dévêtir. Mon incapacité à lever les bras m'intrigua, j'étais habituée à consommer de l'alcool sans jamais avoir atteint un tel état. Mes tentatives pour le repousser furent vaines. Il me bloqua au sol et se positionna au-dessus de moi. Dans un chuchotis, il constata qu'il n'avait pas pris de préservatif et quitta la chambre. L'inertie de mon corps m'empêchait tout mouvement, la peur me tétanisait. Son retour dans la pièce, l'ombre de son corps, la menace érigée, tout cela se déroula sous mes yeux, dans un climat de terreur. Mes cris intérieurs de refus se traduisaient en murmures inaudibles. Sa tentative d'insertion en moi provoqua une contraction violente de mon corps, qui réagissait au cauchemar que je vivais.

À plusieurs reprises, il me demanda de me détendre, mais l'épuisement m'empêchait de répondre, et ses assauts persistaient sans relâche.

Soudain il se releva avec dégoût, annonçant avant de partir que je m'étais souillée. Laissée sur la couverture imprégnée de mon urine, je me recroquevillai sur moi-même.

Des heures de solitude suivirent, personne ne vint à mon secours. Ma mobilité et mes forces revinrent progressivement, me permettant de fuir cet endroit.

Une fois dehors, la conscience du viol subi m'envahit. Le jeu avec le feu m'avait confrontée à un homme dangereux, et je décidais de me taire, submergée par une culpabilité profonde. Comme tant d'autres victimes, je portais le fardeau de ma propre souffrance. Le danger dont ma mère m'avait avertie s'était matérialisé, me faisant comprendre l'enfer qu'elle avait enduré de nombreuses années.

Au départ, ma colère n'était pas dirigée vers cet homme, mais surtout contre moi-même. C'était ce jeu auquel je ne désirais même pas vraiment participer qui m'avait poussée vers lui, me forçant à endosser le rôle d'une femme en paix avec sa féminité, habile à jouer de ses charmes. La culpabilité que j'en éprouvais était immense. Pourquoi continuer de fréquenter des hommes, susciter leur intérêt, alors que je n'en ressentais absolument aucun pour eux ?

J'avais conscience d'avoir poussé ce jeu malsain, dont j'étais à la fois l'auteure et l'actrice, bien trop loin. Pourtant, une lueur de gratitude brillait en moi, car même incapable de bouger, j'avais réussi, d'une manière inexpliquée, à contracter mon corps suffisamment fort pour mettre fin à cette scène terrifiante.

Je ne ressentis jamais de la peur réelle envers cet homme. Aujourd'hui, je pourrais le regarder dans les yeux sans problème. La personne qui avait décidé de se mettre en danger, c'était moi. J'avais choisi d'entrer dans cette maison malgré les avertissements de mon intuition. Aussi tragique que cela pût être, cette expérience m'avait fait prendre conscience de ma propre dangerosité et m'incitait à mettre fin à ce jeu destructeur.

De nombreuses questions tournoyaient dans mon esprit. Pourquoi avais-je ressenti le besoin de me confronter à cela ?

Pourquoi agissais-je malgré la conviction que c'était néfaste ? À qui apportais-je satisfaction en adoptant un tel comportement ?

Cette nuit-là, aussi horrible fût-elle, quelque chose s'était éveillé en moi. Une prise de conscience qui me guiderait vers la bonne voie, la mienne.

Malgré tout, je savais que j'avais aussi découvert une facette de l'être humain, de l'homme. J'avais été témoin et victime de la façon dont il pouvait utiliser la femme pour satisfaire ses propres désirs, piloté par ses pulsions au détriment de sa conscience et de sa dignité. Avant même de le connaître personnellement, j'avais eu un aperçu de son histoire, une trame de vie dépeignant un homme qui n'avait jamais véritablement mûri, demeurant un enfant cachant sa souffrance derrière le masque du séducteur *bad boy*, feignant d'avoir confiance en lui. Son présent reflétait cette stagnation.

Cet être humain s'était fait prendre à son propre jeu. Je ne pouvais pas le juger après tout, n'avais-je pas fait de même de mon côté ? J'avais incarné un rôle contraire à ma véritable nature pour fuir les incompréhensions et mes tumultes intérieurs.

Ainsi s'entrelaçaient nos chemins, façonnés par les rôles que nous choisissions de jouer pour échapper à nos vérités profondes.

Dans ce vaste monde, rien ne détient le pouvoir de nous anéantir. La seule force qui puisse le faire réside en nous-mêmes, en nos pensées, en nos comportements. Voilà ce qui peut véritablement nous conduire à notre propre destruction.

Peut-être as-tu toi-même connu de tels tourments. Je veux que tu saches que tu possèdes une force intérieure qui te permettra d'avancer vers la vie que tu mérites. Certes, ce ne sera pas simple, mais toi comme moi savons que la vie elle-même n'est pas une voie aisée. Dans tes yeux s'agite une lueur curieuse de s'émerveiller devant la beauté de l'existence. Cette lueur prend vie lorsque tu choisis de contempler la splendeur de ton âme.

Il se peut que cet acte te fasse sentir qu'une partie de toi a été arrachée, car oui, c'est la sensation que cela peut provoquer. Cependant, rappelle-toi que cette partie t'appartient, et tu as le pouvoir de la récupérer. Ne laisse pas un être humain au cœur noir obscurcir la magnifique couleur de ton âme.

Des individus malsains et malveillants existent dans ce monde, mais s'y trouvent aussi des âmes merveilleuses. Les influences négatives ne devraient pas mener quelqu'un à adopter une attitude autodestructrice. Chaque personne mérite de s'accepter et de briller selon sa véritable valeur.

Me sentant salie et honteuse après avoir traversé cette sombre épreuve, je décidai d'enterrer ce souvenir au plus profond de mon être. À ce moment précis, je ne voulus pas confier mon expérience à ma mère, ne voulant pas rajouter de la souffrance à celle qu'elle portait déjà. La crainte de raviver en elle un souvenir me retint. Je décidai de la protéger, convaincue que j'avais en moi la force nécessaire pour porter ce fardeau en silence, prenant en compte tout ce que je parvenais à supporter depuis si longtemps. Ainsi, le cours de ma vie reprit, comme si de rien n'était.

* * *

J'entamai une ultime relation avec un autre garçon. Il était d'une incroyable gentillesse. Cependant, cette relation ne dura que quelques mois, car, une fois de plus, les mêmes sentiments ressurgirent, me poussant à renoncer à l'idée d'avoir un petit ami. Je choisis de ne plus m'engager dans une histoire.

Nous nous éloignâmes du village pour une ville où collège-lycée, boutiques et commerces étaient situés à proximité. Je me familiarisais avec ce nouvel environnement.

J'étais alors en 4e, dans un nouvel établissement où je ne connaissais personne. J'avais abandonné le rôle de femme acceptant pleinement sa féminité pour celui d'une femme plus réservée, qui appréciait la solitude. Adieu les tenues sophistiquées, bonjour aux jeans décontractés et déchirés, aux hauts montants dissimulant mon décolleté, et aux simples paires de Converse aux pieds. J'affectionnais particulièrement l'hiver, où je portais un bonnet-casquette beige, cachant entièrement mes cheveux. J'aimais découvrir mon visage sans le voir encadré par ma chevelure, un choix esthétique qui, sans que je sache pourquoi, me procurait un grand bien-être.

En cours j'étais devenue une élève discrète complètement repliée sur elle-même, ne parlant pas, ne participant pas, cherchant à s'effacer autant que possible. L'école ne m'attirait guère, et je passais des heures à dessiner, trouvant refuge dans cet art qui me permettait d'exprimer mes émotions et d'interrompre le flux de mes pensées. Quand retentissait la sonnerie, bravant l'interdiction de quitter l'enceinte de l'établissement, je sortais fumer à chaque récréation. C'est pendant cette période que je fis la découverte d'une clé essentielle pour mieux me comprendre.

J'avais décidé de cesser tout rapport de séduction avec les hommes, et c'est à ce moment-là qu'une fille attira mon attention. À travers elle, je me retrouvais, sentant qu'elle aussi portait des secrets lourds tout en ayant conservé une douceur que je n'avais jamais rencontrée. Petit à petit, nous apprîmes à nous connaître, et un doux jeu de séduction se mit en place, me déroutant un peu, car c'était une expérience nouvelle. Jusqu'au jour où elle prit l'initiative de m'embrasser et où je découvris pour la première fois cette sensation agréable. En quelques secondes, ce baiser m'apporta une révélation : je n'avais jamais aimé les hommes, j'aimais les femmes.

Je rentrai chez moi ce jour-là, pressée de l'annoncer à ma mère. Heureuse d'avoir enfin trouvé la clé. Je lui annonçai que j'étais lesbienne. Ma mère, très ouverte d'esprit, me sourit et me répondit que l'essentiel était que je sois épanouie.

Notre relation fut brève, mais riche d'enseignements. Malgré la découverte de cette nouvelle orientation qui m'apaisait, je pressentais que quelque chose continuait à ne pas me correspondre. Après une nuit de réflexion, je décidai pour me sentir mieux, de revenir en arrière, de retrouver le style que j'aimais tant enfant. Plus rien ne m'en empêchait, me disais-je. D'un coup, je descendis les escaliers et demandai à ma mère d'appeler la coiffeuse. Je lui annonçai que je voulais tout couper, raser court. Elle resta perplexe et me demanda si j'en étais sûre. Avec enthousiasme je lui répondis que je n'avais jamais été aussi sûre de moi.

La coiffeuse arriva et s'étonna de ma demande. Je lui montrai la photo d'une coupe de cheveux d'homme et lui confirmai ma décision. Une dernière fois elle s'enquit de mon choix que je confirmai sans appel. Dès le premier coup de ciseaux, je ressentis un poids énorme me quitter et je sus à cet instant que je marchais enfin dans la bonne direction.

En décidant d'écouter enfin mon intuition, j'éprouvais un grand soulagement.

Alors que la coiffeuse continuait de couper, je découvrais le plaisir de sentir la tondeuse effleurer mon crâne, ce qui m'emplissait de joie. Je sentais qu'en rasant mes cheveux, je laissais derrière moi le personnage de femme que j'avais joué durant toutes ces années, une étape révolue pour toujours et qui n'avait jamais été moi.

Les sensations procurées étaient indescriptibles. C'était comme si toutes les chaînes que j'avais attachées autour de moi se brisaient pour me rendre enfin la liberté dont je m'étais moi-même privée. Je gravissais la première marche de l'escalier qui me conduisait à ma vérité.

Une fois la coupe terminée, je me découvris pour la première fois devant un miroir. Je remerciai la coiffeuse et lui répétai à quel point j'adorais le résultat. Je me précipitai dehors. Que faire ? Je ne savais pas. Je marchais avec un grand sourire, me réjouissant de croiser mon reflet dans les vitrines des magasins. Quel bonheur de se sentir bien avec soi !

J'étais entrée dans une nouvelle incarnation.

J'étais intimement convaincue d'avoir enfin trouvé la source profonde de mon mal-être. Je pensais que cela était simplement dû au fait que je n'aimais pas porter des vêtements féminins, que le maquillage ne m'attirait guère, et que les cheveux longs ne faisaient pas partie de ma véritable personnalité. En observant d'autres femmes avec une apparence plus masculine, aux cheveux courts et portant des vêtements masculins, qui semblaient épanouies, je pensais faire partie de cette catégorie et devoir simplement accepter que ce fût le vrai moi.

Une version plus ouverte et radieuse remplaça la personne introvertie que j'étais jusqu'alors. Je me sentais tellement plus confiante, et surtout en harmonie avec moi-même. Enfin, le reflet que je voyais dans le miroir me plaisait ! Je fis don de tous mes vêtements féminins, adieu les strings inconfortables au quotidien, et bienvenue aux boxers d'homme où le confort prévalait !

Les chemises d'homme étaient devenues ma nouvelle passion et je commençais à apprécier mon propre style. Le shopping et le choix des vêtements, qui étaient autrefois des corvées insupportables, devinrent des véritables plaisirs qui égayaient mes journées. Adieu les tracas des cheveux longs, bonjour le gel pour styliser mes cheveux à ma guise. Finie l'épilation minutieuse de mes sourcils, je leur rendais leur liberté de pousser sans entraves !

J'avais le sentiment qu'une partie de ce que j'étais, que je renvoyais extérieurement, s'alignait pour la première fois depuis de nombreuses années avec mon être profond. Dans une euphorie totale, je croyais avoir trouvé le remède à tous mes maux. Cependant, sans m'en rendre compte et sans en avoir conscience encore, je venais de troquer une ancienne peau pour une nouvelle qui ne me satisfaisait pas totalement.

Ce qui me tourmentait vraiment, c'était le regard des autres. Les élèves du lycée connaissaient Jeanne, mais pas de cette manière. Face à ma mère et à ma sœur, assumer cela n'avait pas été compliqué, car elles m'avaient connue ainsi dans mon enfance, cette partie de moi-même ne leur était pas étrangère. En revanche, d'autres membres de ma famille réagirent différemment, exprimant une vraie déception. Choqués, ils m'interrogeaient : « Pourquoi as-tu fait ça ? Pourquoi as-tu coupé tes cheveux ? Ils étaient si beaux ! Tu étais tellement belle, et maintenant on dirait un garçon ! »

Mais, ce que je ressentais à l'intérieur de moi était si puissant, que je leur répondais avec toute ma sincérité : « Avant, ce n'était pas moi. Maintenant je suis bien, je suis moi. » Ils n'avaient d'autre choix que de se résoudre à cette idée.

Malgré mes réponses, je percevais une certaine tristesse dans leurs regards. Je pense que c'était l'une des raisons pour lesquelles je m'étais forcée à conserver ce personnage de femme, en plus de mon propre conditionnement. Voyant la fierté et le bonheur dans les yeux des personnes que j'aimais, entendant leurs compliments sur mon apparence, je n'avais pas envie de les décevoir.

J'avais été conditionnée à tenir ce rôle de femme, influencée par ce que l'on m'avait enseigné au fil des années. Confrontée aux réactions du monde extérieur, je me confortais dans l'idée que c'était la bonne chose à faire, que je finirais par m'adapter, car il n'y avait pas d'autre issue possible.

Cependant la réalité était tout autre. À ce moment de ma vie, je vivais pour les autres plutôt que de vivre pour moi-même. J'étais comme un pantin dont les ficelles étaient tirées par les personnes qui m'entouraient et j'agissais pour répondre aux attentes de la société.

Ainsi, je réussis à faire sauter l'un des verrous importants qui emprisonnait ma liberté. Comme chaque choix que nous faisons au cours de nos vies, il eut des conséquences. Je m'apprêtais désormais à me dévoiler au grand jour, à révéler la vraie personne que j'étais.

Cette transition me procurait la même sensation de liberté que lorsque j'étais enfant, libre d'exprimer à travers mon style et mes coupes de cheveux qui j'étais réellement. Pourtant, malgré cette libération, des peurs m'envahissaient. Après toutes ces années, je me retrouvais vulnérable, car j'étais plus authentique, plus vraie, et le monde extérieur pouvait voir clair en moi et me blesser.

La nuit précédant mon retour au collège avec ma nouvelle coupe, je fis une insomnie, imaginant tous les scénarios possibles. C'était un mélange d'angoisse et d'impatience, sachant que cette étape marquerait le début d'une nouvelle phase de ma vie. Le réveil de mon téléphone sonna. Cette journée allait être décisive.

Je me préparai avec soin, enfilant mes nouveaux vêtements, ajustant ma chemise et coiffant mes cheveux de la manière souhaitée. Quelques instants pour un café, quelques cigarettes, et je descendis les marches de chez moi. Les battements de mon cœur s'accéléraient déjà, bien avant d'atteindre l'établissement. Il n'y avait plus de retour en arrière possible.

Marchant dans les rues de la petite ville, je croisai des élèves d'un autre établissement, mais je continuai ma route en direction du mien. En entrant en classe, je me comportai comme si de rien n'était, espérant passer inaperçue. Mais les regards des autres élèves se posèrent sur moi, exprimant surprise et incompréhension, mais personne ne m'adressa un mot. Le cours débuta, et pour la première fois, je ressentis un soulagement intense, enfin le regard des autres élèves allait pouvoir se détourner de moi. À la fin de la première heure, en sortant de la salle, une élève vint à ma rencontre. Elle ne me parlait presque jamais, mais cette fois-ci, elle avait décidé de le faire et m'exprima son enthousiasme pour ce changement qui, selon elle, me convenait à merveille. Ces mots doux et bienveillants me laissèrent sans voix. Je la remerciai avec un sourire discret. Ces paroles m'accompagnèrent toute la journée, me donnant la force de continuer à affronter cette journée. C'était comme si la vie me donnait raison en m'offrant des instants de vrai bonheur.

La journée se déroula ainsi, plusieurs personnes vinrent me dire que ce changement m'allait très bien. Les regards des professeurs et des surveillants exprimaient leur approbation, sans avoir besoin de prononcer un mot.

Le soir venu, je me couchai, satisfaite. J'avais affronté mes craintes avec succès, renforçant ma confiance et ma détermination à avancer dans cette nouvelle direction, plus légère que jamais.

Les semaines et les mois s'écoulaient en une valse effrénée, m'immergeant progressivement dans le reflet retrouvé de moi-même, égaré depuis tant d'années. Tâchant d'oublier les épreuves traversées, cette trahison envers moi-même qui m'avait fait me sentir tellement perdue, je pris la décision de fermer ce chapitre compliqué, sans pleine conscience des enseignements qu'il m'avait apportés.

Un nouveau chapitre s'ouvrait dans ma vie, celui dans lequel je m'autorisais à être davantage moi-même. Habillée telle que je le souhaitais, arborant une coupe de cheveux courte, symbole de ma liberté retrouvée, je m'affranchis du poids d'une féminité contraignante. Afin de maintenir visible mon identité masculine, je me rendis fréquemment chez le coiffeur, une sorte de nouveau rituel pour ancrer ma nouvelle réalité.

Au fil du temps, mon style devint une extension naturelle de moi-même, et le monde extérieur s'accoutuma à elle et participa à cette renaissance en effaçant les traces de la Jeanne que je répudiais. Assumer mon attirance pour les femmes se transforma bientôt en éblouissante révélation.

Pourtant, au cours de mon enfance et adolescence, l'amour avec un grand A m'avait été étranger. Les relations humaines à deux m'intriguaient, me passionnaient, malgré l'absence sous mes yeux d'un modèle d'amour. J'avais toujours su, au plus profond de moi, qu'une destinée amoureuse m'attendait quelque part, que je connaîtrais un amour qui transcenderait mon âme d'un simple regard.

Le jeu de séduction avec les hommes avait dominé ma vie amoureuse ces dernières années, mais avec les femmes c'était une toute nouvelle ère qui s'ouvrait. Enfin, en accord avec mon apparence, je laissais le passé derrière moi, espérant poursuivre cette harmonisation intérieure et extérieure progressivement. Je n'avais pas conscience des conséquences qui allaient en découler, confiant au temps la responsabilité d'apaiser tout cela.

* * *

J'étais à présent en 3e et le décrochage scolaire s'amorçait. De moins en moins impliquée en cours, je me perdais dans mes pensées comme à mon habitude. J'étais guidée par le désir d'améliorer ma vie et de secourir ma mère, assistant en spectatrice impuissante à son lent déclin. Les difficultés financières nous plongeaient dans la précarité, nous rendant dépendantes des Restos du Cœur pour notre subsistance. Ma mère naviguait dans les courants tumultueux de l'alcool, perdant progressivement le contrôle de son propre navire.

Les soirées au bar, à jouer au billard avec Camille, n'étaient pas que des moments légers et de lâcher-prise. Les états fluctuants de ma mère créaient un climat de tension palpable. Je ressentais la honte de Camille, mais en moi, vibrait un instinct protecteur vis-à-vis de notre mère. Malgré les regards accusateurs de ma sœur posés sur elle, je la défendais, consciente de ses démons intérieurs.

Après avoir connu bien des nuits agitées, une ambiance glaciale commença à s'installer dans la maison. Camille avait fini par laisser s'exprimer sa colère. Entre nous, les discussions dans sa chambre témoignaient d'un torrent d'émotions retenues dont j'essayais d'apaiser les flots en expliquant les tourments que connaissait notre mère. Quelque temps plus tard, Camille s'envola, partant vivre une rue plus loin, rompant le lien qui nous unissait pour son propre bien-être. Je ne lui en voulus pas, je comprenais sa décision.

Je vivais donc seule aux côtés de ma mère, une cohabitation qui évoquait étrangement une colocation. Chacune de nous deux menait sa propre vie, mais pas de la manière la plus saine.

Un souvenir reste gravé en moi. Un soir, la sonnerie de mon téléphone retentit. C'était ma sœur m'informant que notre mère se trouvait dans le bar que nous fréquentions habituellement, plongée dans un état second, entourée d'hommes aux intentions douteuses qui remplissaient son verre sans scrupule. Une colère fulgurante m'envahit. J'étais furieuse qu'elle se laisse aller ainsi, mais ma rage était également dirigée contre ceux qui l'entraînaient dans cette spirale.

En un instant, j'enfilai une paire de baskets, descendis les escaliers en courant, claquant la porte derrière moi, prête à affronter la situation. Je pénétrai dans le bar pour y découvrir ma mère dans un état déplorable, victime des avances malveillantes d'un homme. J'étais ivre de rage, mais je me maîtrisai tout en m'approchant calmement d'elle, lui intimant qu'il était temps de partir, que cela avait assez duré. L'homme osa me dicter de la laisser tranquille. Son intervention entraîna une réplique cinglante de ma part qui l'invitait à s'occuper de son propre verre. Ses provocations fusèrent tandis que j'essayais de conserver mon calme. En moi, cependant, le feu de la colère s'intensifiait. Alors que je m'avançais vers ma mère pour l'inciter à sortir, il attrapa violemment mon bras pour nous séparer. Mon sang ne fit qu'un tour. D'un geste instinctif, je saisis sa gorge, le plaquant contre le bar avant de le repousser violemment. La serveuse intervint, raisonna l'homme nous offrant ainsi une issue.

Nous marchâmes côte à côte, évitant les regards des clients du bar et nous regagnâmes ainsi notre appartement. Les larmes coulaient sur le visage de ma mère.

Devant la porte de notre logement, je la pris dans mes bras et la portai. Elle était incapable de monter seule les escaliers. Dans sa chambre, je la déshabillai, la couvris chaudement, l'embrassai sur le front, la rassurant, lui disant que tout irait bien. Je refermai la porte derrière moi avec la lourde certitude que ce rôle n'aurait pas dû être le mien.

Cette femme m'avait portée pendant neuf mois, m'avait donné la vie. Elle composait avec ses propres démons du mieux qu'elle le pouvait et aujourd'hui elle avait besoin de moi. C'était tout ce qui comptait à cet instant. J'étais certaine qu'elle dormirait en sécurité dans son lit.

Rassurant Camille sur le dénouement de cette soirée, je me couchai, prête à affronter le réveil pour retourner en cours le lendemain.

Mais la journée du lendemain se déroula comme toutes les autres, car cela était devenu mon quotidien, une réalité avec laquelle j'avais appris à cohabiter, même si je n'en parlais à personne. Mon esprit, quant à lui, cherchait des solutions. Durant cette dernière année de collège, l'école perdit tout attrait à mes yeux. Je ne désirais qu'une chose : entrer dans le monde du travail. Bien que je n'eusse pas l'âge requis, les apprentissages représentaient une alternative séduisante.

En juin, je formulai mes vœux pour l'année suivante, je désirais intégrer un CAP Restauration.

Cependant, le directeur me convoqua avec ma mère pour exprimer son désaccord, arguant que c'était une mauvaise idée, que les notes que j'avais alors me permettaient encore d'intégrer le cursus général. Ma frustration s'accrut, car je savais au fond de moi que c'était la voie que je voulais emprunter. Malgré mes protestations, on me suggéra de tenter au moins une année de plus en Seconde, me laissant ainsi plus de temps pour réfléchir. En colère, mais résignée, j'acceptai, prévoyant intérieurement de faire valoir ma volonté coûte que coûte.

* * *

J'entrais ainsi en Seconde au lycée. L'environnement était différent, mais la colère que j'éprouvais de ne pas avoir été écoutée persistait. Mes premières semaines de cours furent marquées par un fort désintérêt. Progressivement, je commençai à sécher les cours, attendant même devant l'établissement, ignorant les avertissements des surveillants. Mes copies restaient volontairement blanches, un acte de rébellion délibérée. Les notes reflétaient ce désinvestissement croissant : 9 de moyenne au premier trimestre, 6 au deuxième et un maigre 3 au troisième.

Nous fûmes à nouveau convoquées dans le bureau du directeur. Il menaça ma mère de poursuites pénales en raison de mon absentéisme. Dans son bureau exigu, ma mère et moi échangeâmes un regard complice, elle comprenait enfin que mon désir de quitter le système scolaire était sincère. Le directeur nous sermonna, soulignant ma médiocre moyenne et prédit un avenir sombre en apprentissage avec de tels résultats. Ma réponse, pleine d'assurance, fut simple : « On verra cela, laissez-moi partir. »

Une nouvelle ère commença. Je quittais enfin les bancs de l'école classique pour entrer d'une certaine manière dans la vie active. Certes, cette porte de sortie m'était désormais accessible, mais mes bulletins aux notes peu glorieuses constituaient un frein lors des démarches auprès des restaurateurs.

Je savais que, malgré mon acte de rébellion, je n'étais pas dépourvue d'intelligence, mais les résultats restaient inscrits sur le papier, agrémentés d'appréciations cinglantes.

Dans la petite ville où je résidais, le choix des restaurants se limitait à quelques pizzerias et kebabs. Mon ambition était d'apprendre l'art des cocktails et du service. Non loin de chez moi, à quelques kilomètres, se dressait un établissement singulier : le restaurant « La Toque Blanche ». J'en avais entendu parler, bien que mes moyens ne m'eussent jamais permis d'y dîner. Je m'en faisais déjà une idée. Je pris mon courage à deux mains et téléphonai pour obtenir un rendez-vous, expliquant ma recherche d'un maître d'apprentissage. Le rendez-vous fut fixé.

J'étais à la fois ravie et terrifiée, sachant que mes bulletins seraient probablement scrutés à la loupe. Les jours passèrent, et le rendez-vous tant attendu arriva. Nous nous rendîmes au restaurant avec ma mère. Mon cœur battait la chamade, mes mains tremblaient. L'enjeu était de taille. Un serveur nous accueillit, nous demandant de patienter, car Chloé, la directrice, allait bientôt nous rejoindre. Ces minutes d'attente me parurent interminables, je savais que je ne pouvais plus faire marche arrière.

Le bruit de talons résonna dans le silence, annonçant l'arrivée de Chloé. Une femme de petite corpulence, mais énergique, fit son entrée. Son sourire lumineux et sa présence charismatique ne me laissèrent pas indifférente. Debout, je lui serrai la main pour la saluer. Cette poignée de main n'était pas ordinaire. Je ressentis quelque chose d'étrange, comme si ses yeux avaient la capacité de lire en moi comme dans un livre ouvert. Malgré le tumulte émotionnel, je me sentais étrangement à ma place, au bon endroit, sans vraiment en comprendre la raison. Durant cet entretien, je dévoilai en toute transparence ma situation, expliquant mon année de rébellion face à l'école qui refusait de me laisser partir en CAP, qualifiant cela de gâchis. Chloé me fixa et me dit que mes résultats scolaires lui importaient peu, me demandant simplement si j'étais prête à apprendre véritablement le métier. J'acquiesçai, déterminée à absorber chaque enseignement qu'elle me dispenserait.

Ainsi, Chloé accepta de devenir mon maître d'apprentissage. Elle prit le temps de m'expliquer le fonctionnement du restaurant et à quoi je devais m'attendre. Chaque élément du décor élégant captivait mon regard, les nappes impeccables, les serviettes méticuleusement pliées et les fleurs splendides qui ornaient chaque table. Mais un détail inattendu vint me bouleverser, les serveurs étaient vêtus de costumes élégants, cravates bien ajustées et chaussures brillantes, tandis que les serveuses arboraient des tailleurs, des chaussures féminines et des chemises cintrées.

C'est à ce moment que Chloé m'annonça que je devrais adopter cette tenue. Une tempête intérieure se déclencha en moi, l'idée de revêtir une tenue féminine me semblait insurmontable. J'exprimai mon refus. Chloé, un brin perplexe, mais ouverte d'esprit, décida de le vérifier par elle-même. On me fit passer une tenue de serveuse et descendant les marches ainsi vêtue, je fus soulagée de voir qu'elle confirma cela après quelques instants de rire. L'idée de me baptiser d'un prénom masculin fut évoquée, mais nous abandonnâmes rapidement ce point. Je resterais Jeanne habillée en garçon.

Ainsi, j'évoluais dans un environnement où mon authenticité était acceptée sans jugement, même si personne ne connaissait encore mon histoire.

La découverte du métier de serveuse qui se partageait entre deux semaines en entreprise et deux semaines à l'école constitua un véritable défi. Au début de mon CAP, affronter la salle était un calvaire. Mes mains tremblaient, chaque interaction avec les clients ravivait les peurs du passé. Chloé, attentive à mes difficultés, m'offrait des conseils et partageait son expérience personnelle, me redonnant espoir et courage.

L'exercice le plus redoutable demeurait l'annonce des plats. Devant les clients, la tension montait, la peur de bégayer ou d'oublier le nom des plats m'angoissait. Heureusement, l'équipe soudée autour de moi prenait souvent le relais pour apaiser mes craintes.

Mylène, une collègue habitant près de chez moi, partageait avec moi des moments précieux. Nous avions notre petit rituel café-cigarette avant le service. Le restaurant, réputé dans la région, accueillait un flux constant de clients. Les moments plus calmes, comme le repassage à l'étage du restaurant, me donnaient l'occasion de réfléchir à ma vie. Un jour, alors que je n'étais pas bien, Chloé le remarqua. Elle m'invita dans son bureau, ouvrant une porte sur ma vie personnelle. En elle, je trouvai de la compassion et une écoute sincère, m'apportant un réconfort inattendu.

Ces deux années d'apprentissage avec Chloé ne furent pas seulement une immersion dans le métier de serveuse en restauration. Elles m'offrirent aussi des leçons d'humanité. J'observais Chloé œuvrer au sein de son équipe, mais aussi dans sa vie de famille avec ses enfants et son mari. Sans le savoir, elle me transmit des leçons profondes sur les relations humaines, sur la vie et sur moi-même.

Bien sûr il y eut des moments plus difficiles, des ajustements à faire, mais toujours fondés et effectués dans la bienveillance. Ces années à ses côtés ne furent pas simplement une formation au service, mais une véritable école de la vie, un apprentissage essentiel qui, même quatorze ans plus tard, résonne encore profondément en moi.

Parfois, des individus entrent dans notre vie, et sur l'instant, on ne saisit pas toujours pourquoi. Aucune rencontre n'est le fruit du hasard, chacune d'entre elles peut nous apporter quelque chose si l'on examine les événements avec attention. Parfois il faudra des années pour prendre conscience de ce que certaines expériences nous ont apporté, d'autres fois ce sera immédiatement évident.

Il existe des personnes qui agissent comme des clés, déverrouillant les serrures et éveillant des zones de notre personnalité, souvent de manière inattendue.

C'est un signe que nous sommes prêts, que le moment est propice.

Les êtres humains sont tous des éternels enseignants et la vie constitue le meilleur des apprentissages.

* * *

Durant cette période, j'étais dans un état d'esprit de destruction. La colère que je ressentais lorsque j'étais obligée d'endosser le rôle de femme ne me quittait pas.

La vie quotidienne avec ma mère devenait aussi de plus en plus compliquée. Chaque jour je la voyais se détruire un peu plus. Les disputes prenaient des proportions terribles, brisant mon cœur à chaque éclat de voix. Incapable de rester positive et optimiste, seule face à ces tensions permanentes et riche d'un maigre salaire de 350 euros mensuels en première année de CAP, je décidai de chercher un appartement. Convaincue que reprendre le contrôle de ma vie serait la clé pour aider réellement ma mère.

C'est ainsi que je tombai sur une petite annonce sur Leboncoin proposant un studio dans la même ville où nous résidions. Le propriétaire, dubitatif face à mon jeune âge et au fait que j'étais seule pour la visite, me regardait, méfiant. Après l'avoir rassuré sur ma capacité à payer le loyer, il décida de me laisser l'appartement. Dépourvu de meubles, il ne disposait que d'une mini-cuisine équipée d'une plaque de cuisson et d'un petit réfrigérateur, et d'un mini-canapé d'une place et demie. Mais cela me convenait, l'essentiel était de sortir de l'environnement familial destructeur.

Le déménagement, sans véhicule ni permis à l'âge de quinze ans, fut un défi. Après avoir posé mon matelas à même le sol, faute de lit, je m'assis dessus et inspirai profondément, observant mon nouvel univers. Un mélange de soulagement et de terreur m'envahit. Je compris que ma vie prenait un tournant décisif et ce, bien plus rapidement que prévu.

Focalisée sur le positif, j'essayais d'apporter des touches personnelles à cet appartement pour m'y sentir chez moi. Cependant, en dehors de ce cocon plus sain, ma vie n'était guère plus stable et s'engageait plutôt sur une pente glissante. Je cherchais toujours à repousser mes limites, envahie par un mal-être que je refusais de voir. Les sorties fréquentes en discothèque avec ma bande d'amis et la consommation régulière de drogues atteignirent un jour leur paroxysme.

Un beau matin, dès 8 heures, avec mes amis, nous décidâmes de passer la journée à boire, comme si nous ressentions le besoin d'oublier nos peines respectives. D'un bar à l'autre, pris dans l'euphorie de l'ivresse, nous ne réalisions pas les conséquences de nos actes. En rentrant chez moi en chantant dans les rues, totalement ivre, un incident dramatique survint. En voulant monter une marche en béton menant à mon appartement, je chus en arrière et ma tête heurta violemment le sol. Jessica, mon amie, paniquée, appela immédiatement les pompiers en voyant que je ne bougeais plus. J'ai tout oublié de cet accident.

Quelques heures plus tard, j'ouvris péniblement les yeux dans un environnement blanc et stérile, un drap rêche contre ma peau, un cathéter dans le bras. Je compris que cette journée ne s'était pas terminée comme prévu, j'étais à l'hôpital. Un homme entra dans ma chambre, s'assit en face de mon lit, un carnet à la main et commença à me poser des questions.

Il insista, me demandant si je savais pourquoi j'étais là. Sur un ton ironique, je lui répondis que oui, puisque j'avais bu et que les effets de l'alcool se faisaient encore largement sentir. Il m'informa que ce n'était pas simplement en raison de l'alcool, mais que j'avais quand même atteint 1,7 g et il me demanda si cela m'arrivait souvent. Je ris en lui disant que c'était le cas chaque semaine. Il me posa ensuite une série de questions, sur ma vie, mes choix et s'enquit de savoir si j'avais un petit copain. Agacée par ces interrogations alors que je voulais simplement me reposer, je répondis que j'aimais les femmes et qu'avec l'alcool tout le monde dépassait parfois les limites, insistant pour qu'il me laissât tranquille. Acceptant mon agacement, il se leva, signa le papier « Apte à sortir » et quitta ma chambre.

Quelques heures plus tard, Jessica et ma mère pénétrèrent dans ma chambre. Énervée par la situation, ma mère ne tarda pas à me faire part de son mécontentement. En sortant du lit et en demandant mes vêtements aux infirmiers, une chaussette manquante suffit à déclencher ma colère qui se traduisit par des cris de frustration.

La vision toujours floue, les nausées persistantes, je me sentais sincèrement au plus mal. Sur le trajet du retour avec Jessica au volant et ma mère à l'arrière, ma tête posée sur ses genoux, je sentis que mon état s'aggravait. Je demandai à Jessica d'arrêter la voiture, submergée par l'envie de vomir. À cet instant je voulais simplement être dans mon lit pour traverser ce moment difficile. Ma mère, en colère, m'annonça que nous n'allions pas rentrer, mais plutôt nous rendre à la gendarmerie où nous étions convoquées. Je lui demandai s'ils comptaient vraiment me causer des problèmes pour cela. Sa réponse fut catégorique : « Tu as su boire, tu vas assumer. » Je lui dis, sur un ton tout aussi ferme que je les enverrais promener, que cela m'était égal.

Nous nous rendîmes donc à la gendarmerie, où un adjudant me reçut dans son bureau pour me donner une leçon de morale, adoptant une attitude paternaliste qui m'exaspéra. Répétant les mêmes arguments que j'avais donnés au psychiatre, j'essayais de relativiser les choses, tout en demandant un seau pour soulager mes nausées. L'entretien dura un certain temps, mais je gardai la plupart du temps le silence, soutenant son regard de façon intense. Il me donna une amende pour ivresse sur la voie publique et je retournai chez moi.

Retrouvant mon lit, je ne le quittai pas durant trois jours.

Lors de cette période de convalescence, où mon corps se débarrassait des toxines, mon esprit était en ébullition constante. Les questionnements s'accumulaient, m'obligeant à plonger au plus profond de moi-même. Pourquoi ce besoin irrépressible de m'égarer dans des comportements destructeurs, sans y trouver d'ailleurs aucun plaisir ? Quel apaisement cherchais-je dans ces actes ? Que tentais-je d'étouffer, d'endormir sous l'influence de ces substances ?

Ces trois jours de réflexion me firent prendre conscience que la libération que je croyais avoir atteinte ne constituait qu'une illusion. La part sombre persistait, toujours tapie dans l'ombre. Je n'en connaissais pas la nature exacte, mais je sentais sa présence constante. Plus important encore, j'avais enfin le courage d'accepter la réalité telle qu'elle était, sans détour ni voile.

Aucun voyage vers l'obscurité n'est entrepris par pure volonté de s'autosaboter. Personne ne se lève un matin avec l'intention consciente de se détruire. Au contraire, ces conduites à risques, pour les avoir adoptées de nombreuses années, servent à masquer la détresse, les douleurs plus profondes, les blessures que l'on tente d'enterrer dans l'espoir de les oublier. Dans l'ombre de ces actes réside un malaise silencieux, une bataille intérieure qui échappe souvent à la perception des autres. Les tourments deviennent alors des guides clandestins de nos décisions, dictant nos mouvements tout en dissimulant les stigmates qui se gravent dans notre être.

Chaque personne porte en elle une histoire complexe, où les démons côtoient les anges gardiens. C'est là toute la beauté humaine, une danse délicate dans la lumière et l'ombre, où chacune de ces deux parties a son rôle à jouer.

* * *

Depuis que mon corps était formé, je m'étais détournée de lui, submergée par un dégoût profond. Ma salle de bains, dotée d'une baignoire et d'une armoire à trois petits miroirs qui lui faisait face, donnait une configuration où, une fois debout, je ne pouvais voir que le haut de mon corps. Je refusais catégoriquement d'affronter ce reflet.

Lors de mes rituels quotidiens, lorsque mes mains étaient occupées à saisir le gel douche, je levais les yeux vers le ciel, délibérément, évitant le contact visuel avec mon reflet. Le simple passage de mes mains sur ma poitrine suscitait en moi une envie irrépressible de saisir un couteau et de me libérer de cette partie de moi-même qui me répugnait.

J'avais conscience de l'anomalie que représentaient de telles pensées envers mon propre corps, de cette relation de haine que j'entretenais avec lui. Et je ne pouvais résister à cette mélodie obsédante d'idées sombres, qui résonnait à chaque fois dans ma tête lorsque je devais me laver.

Lorsque mes yeux rencontraient la courbe de ma poitrine à travers un simple t-shirt, une sensation d'étouffement m'envahissait, comme si fuir ce corps était devenu une impérieuse nécessité. Comment pouvait-on ressentir un tel dégoût envers une partie de soi ?

À cette époque, affublée d'un 95B, je recourais à des brassières de sport trop petites afin d'aplatir ma poitrine. Visuellement cela améliorait la situation, mais cela ne m'apaisait pas. La situation était devenue insupportable, nécessitant une résolution immédiate. Mes recherches sur Internet, désespérées, ne débouchaient sur aucune solution satisfaisante.

C'est alors que me revint en mémoire l'existence d'une bande de compression que j'avais utilisée pour bander une blessure sportive. Je me dirigeai vers ma salle de bains, dévêtue, retirant ma brassière pour saisir cette bande. Je la passai sous mes bras, la plaçai en contact avec mon dos, un côté pressant ma poitrine, l'autre tendu au maximum, les deux liés par un scratch.

Mon regard s'illumina devant le miroir, mon torse était complètement plat, je ne l'avais pas vu ainsi depuis l'enfance. J'enfilai immédiatement un t-shirt par-dessus, l'illusion était parfaite !

Il semblait que ma poitrine avait disparu. Je ressentis un soulagement immense, la parade semblait enfin trouvée.

Bien sûr, la bande avait des conséquences. La compression entravait ma respiration, le tissu frottait sous mes bras, irritant ma peau. Mais peu importait, j'étais prêt à endurer cela chaque jour pour obtenir ce torse plat. Ainsi naquit une histoire d'amour entre moi et ce morceau de tissu, que je ne quittai plus, et ce durant huit années.

Avec le temps, le scratch montra des signes d'usure, perdant son pouvoir autoagrippant. Je sollicitai ma grand-mère pour en coudre un plus grand, qui préserverait ses qualités adhésives. Je ne m'en séparais jamais, faisant de ce rituel la première étape matinale. La nuit, je la retirais pour laisser respirer ma peau, mais le plaisir de voir un buste plat la journée compensait la souffrance nocturne de sentir ma poitrine s'étaler de chaque côté, en position allongée.

Chaque jour cette bande m'aidait à affronter le monde extérieur. Dans les vitres de voiture ou des devantures de magasins, la vision de mon buste plat déclenchait immédiatement un sourire chez moi. C'était le reflet que je recherchais depuis si longtemps, celui que j'avais perdu lorsque mon corps avait suivi son cours naturel, se transformant en celui d'une femme.

L'absence de marques de bretelles visibles sous mes vêtements me procurait un bien-être inégalé, renforçant le sentiment d'être un peu plus moi-même. À ce moment-là, je ne cherchais pas à analyser davantage la situation, je me considérais comme une lesbienne plutôt masculine, voire très masculine, ce qui expliquait ces ressentis et besoins. Nombreux étaient ceux qui me genraient au masculin. Lorsque j'entrais dans un magasin et entendais « Bonjour jeune homme », une partie de moi réagissait intérieurement avec un « Je ne suis pas un garçon, je suis une fille », mais une autre se sentait en paix, trouvant même la confusion plaisante au point de ne jamais corriger ceux qui m'appelaient ainsi. Ces moments d'euphorie, bien que brefs, se répétaient fréquemment.

Peu à peu, j'adoptais un nouveau personnage, une nouvelle identité qui dissimulait en réalité un mal-être bien plus profond. En plus de jouer avec les limites de ce que mon corps pouvait supporter et d'adopter des comportements autodestructeurs, je poursuivais ma quête effrénée des relations amoureuses.

* * *

Explorant maintenant les relations avec les femmes, dans une petite ville où la présence de lesbiennes était rare, j'étais bien obligée de me heurter aux préjugés. Pourtant, les regards suggestifs témoignaient d'une attraction réciproque.

Dans la complexité de l'adolescence, je ressentais l'envie de m'aventurer dans de nouvelles voies.

Mes premières relations furent purement sexuelles, m'ouvrant les portes d'un tout nouveau monde. Cependant, les choses ne se déroulèrent pas comme je l'espérais.

Au contact d'hommes, avec mon corps de femme, j'étais relativement à l'aise, même si je ne ressentais aucune attirance pour eux. Avec les femmes, tout bascula. Face aux courbes d'un corps féminin, des sentiments refoulés du passé s'éveillèrent, créant une attirance puissante, inversant complètement la dynamique.

L'idée de me dénuder, autrefois anodine, était à présent une épreuve. Incapable de me regarder dans un miroir, laisser une autre personne poser ses yeux ou ses mains sur mon corps était devenu un calvaire.

J'avouai ces difficultés à mes partenaires et mes relations devinrent unilatérales, trouvant mon plaisir dans le fait d'en donner. Il y eut des moments où je réussis à dépasser cette angoisse, mais sans parvenir à réellement lâcher prise. Le fait que des personnes puissent ressentir du désir pour mon corps me donnait envie de vomir.

Une colère froide s'installait en moi lorsque je me retrouvais seule après ces rencontres. Non pas à cause de ce qui s'était passé, mais en raison du conflit intérieur qui grondait en moi.

Dans ces instants de désarroi, je déversais toute ma douleur et ma rage contre la porte de ma salle de bains, marquant sa surface à chaque coup, que je dissimulais derrière un grand miroir ou un poster soigneusement accroché. Je ne comprenais pas la source de ce malaise persistant. J'étais consciente de mon attirance exclusive pour les femmes, mais pourquoi, une fois face à elles, ce sentiment désagréable envers moi-même émergeait-il si puissamment ?

C'était comme si je retournais à la case départ d'une énigme non résolue. Gardant ces questions sans réponse pour moi, je continuais à incarner la femme lesbienne sûre d'elle sans problème, enchaînant les relations sexuelles pour affronter cette bataille intérieure, sans pour autant trouver d'explication à cette quête incessante.

Puis une nouvelle personne entra dans ma vie et je pris la décision, pour la première fois, de m'engager réellement dans une relation. Au-delà des expériences purement charnelles, je découvrais une tout autre dimension, celle des échanges entre deux êtres.

Cette fille, néophyte dans le domaine des relations avec les femmes, assumait fièrement son identité devant les autres habitants de la petite ville. Admirant cette assurance, je la percevais également comme une belle preuve d'amour. Cependant, cette affirmation rencontrait des résistances au sein de sa famille, me faisant endosser pour la première fois le rôle de perturbatrice des harmonies familiales.

Comme cela la touchait profondément, je ressentis à mon tour le poids de son angoisse. Bien que je ne comprisse pas le rejet de ses parents, moi qui avais connu l'acceptation chaleureuse de ma famille, je respectais leur façon de réagir.

Puis peu à peu, notre relation s'essouffla, chacune reprenant le cours de sa vie.

Cette expérience m'apprit que l'amour auquel je croyais, celui auquel j'aspirais, existait bel et bien.

Après cette histoire, d'autres relations suivirent, mais le malaise persistait sans explication. J'étais alors dans une phase d'exploration, vivant au jour le jour, cherchant toujours des réponses à mes questionnements intérieurs.

Parallèlement à mes expériences humaines, entre l'effervescence du restaurant et mes journées passées au lycée professionnel, s'apprêtait à survenir un événement qui bouleverserait ma vie à tout jamais.

* * *

Quelques années auparavant nous découvrions que mon grand-père, cet homme qui avait toujours veillé sur moi, était atteint de la maladie d'Alzheimer.

Au fil des années, j'appris à connaître cette maladie, condamnée à n'être qu'une spectatrice impuissante de son évolution. J'assistais, désemparée, à la lente extinction de la conscience et de l'âme de mon grand-père. C'était déchirant de voir cet homme, habituellement stoïque et fort, redevenir l'enfant qu'il avait été au début de sa vie...

Ma grand-mère fit le choix de ne jamais placer mon grand-père en centre médicalisé. Elle décida, avec le soutien de ses enfants, qu'elle veillerait sur lui jusqu'au bout. Pendant dix longues années, nous l'avons tous accompagné dans ce dernier voyage. À la fin, lors de mes visites, il ne me reconnaissait plus comme Jeanne, mais simplement comme un jeune homme qui lui était familier. Le plus difficile était d'être témoin de l'envol de ses souvenirs, dont nous restions les seules à en détenir la trace.

Malgré tout, je retiens une belle leçon de cette histoire.

En effet, mon grand-père n'oublia jamais l'amour de sa vie : ma grand-mère. Il ne cessait de lui témoigner ses sentiments, une preuve que la tendresse est plus forte que la maladie, plus forte que tout.

Je savais que je devais me préparer à son départ, mais à dix-sept ans on ne pense pas devoir affronter si tôt la mort de nos proches.

Un jour, je me levai avec une sensation étrange, comme si une présence me signalait que le moment était venu. Lorsque le téléphone de ma mère retentit, je sus avant même qu'elle ne décrochât de quoi il s'agissait.

C'était fini, mon grand-père s'était éteint.

À cet instant, je sentis mon cœur se briser, comme si une partie de moi m'avait été arrachée. Nous nous préparâmes pour aller le voir, là où il reposait. J'appréhendais ce moment, mais étrangement, en passant la porte, je ressentis un profond apaisement. Sur son visage autrefois marqué par les stigmates de la maladie, je discernai la paix et la sérénité. Il ne souffrait plus. Je m'approchai et l'embrassai pour la dernière fois, le remerciant d'avoir été là pour moi et de m'avoir transmis des enseignements que je porterais en moi jusqu'à la fin de ma vie.

Les années qui suivirent ne m'épargnèrent pas d'innombrables larmes liées à sa perte qui m'affecta profondément et durablement. Chaque soir, dans mon appartement, je parlais à son portrait photographié. Son départ me donna malgré tout une force nouvelle, la conviction que cette vie méritait d'être vécue et que je n'en étais encore qu'aux prémices. Son corps n'était peut-être plus là, mais je sentais sa présence au plus profond de moi. Il était devenu un phare dans ma vie, m'aidant à naviguer sur les vagues tumultueuses de l'existence.

La perte de mon grand-père apporta un étrange apaisement à mes tourments. C'était comme si son départ avait libéré une énergie qui soulageait mes peines. Je m'élevais grâce à ce deuil, sa mort transcendait mes propres douleurs et effaçait, ne serait-ce que pour un moment, mes pensées les plus sombres.

En le sentant à mes côtés, je savais que cette connexion durerait éternellement.

5
Première rencontre avec la transidentité

Les années s'égrenaient ainsi entre les bancs de l'école et le restaurant. Dans ma formation, je rencontrai un garçon qui devint un ami très cher. Cette amitié contrastait avec le sentiment persistant de ne jamais me trouver tout à fait à ma place dans cet environnement, même si l'atmosphère y était beaucoup plus sereine qu'au lycée. À la fin des deux années de CAP, j'obtins mon diplôme et remportai le concours du meilleur apprenti en restauration de Moselle.

Toutefois, la relation que j'entretenais avec moi-même ne connaissait ni apaisement ni amélioration au fil des ans. Mes expériences amoureuses, s'achevant toutes de la même façon, laissaient derrière des filles blessées. Une rencontre avec une jeune femme en discothèque changea la donne. Sa famille l'ayant mise à la porte à l'annonce de notre relation, une phrase vint à tourner en boucle dans mon esprit : « Si elle en est là, c'est par ta faute, assume ta responsabilité. » Je n'eus d'autre issue que de lui proposer de s'installer chez moi.

La légèreté de notre relation s'évapora lorsque nous nous retrouvâmes toutes deux sans emploi stable. Dans l'urgence, une amie réserviste de l'armée me suggéra de suivre la même voie qu'elle pour subvenir à nos besoins. Bien que peu enchantée par cette idée qui me rappelait la vocation de mon géniteur, je m'engageai en tant que réserviste.

Trois semaines de formation militaire débutèrent à des centaines de kilomètres de chez moi, pendant lesquelles j'étais entourée principalement de garçons. L'étiquette que je portais, celle de lesbienne, accentuait mon malaise, je ne me sentais pas à ma place dans cette chambre avec ces filles. Toutefois, même si nous étions tous des inconnus à notre arrivée, nous formâmes bientôt un groupe soudé où l'entraide était le maître mot. J'aimais la solidarité et la fraternité qui existaient dans ce milieu. Malgré mes doutes initiaux, les trois semaines se passèrent bien. Prise dans le tourbillon des apprentissages et des exercices en extérieur, je ressentais un certain plaisir à apprendre les bases de ce métier. Pourtant je sentais poindre en moi les débuts de la rébellion quand je constatais que certains gradés cherchaient à modeler nos esprits. Je tâtonnais, cherchant à trouver un équilibre, triant dans leurs enseignements.

De retour chez moi, la formation militaire initiale en poche, je m'apprêtais à embrasser la vie de réserviste. Quelque temps plus tard, une opportunité s'offrit à moi : un Vigipirate à Nice pour deux mois. Ainsi, les heures de patrouille à l'aéroport de Nice s'enchaînèrent, j'étais logée dans d'anciens bâtiments policiers. Les journées se succédaient et se ressemblaient, elles avaient toutes la même couleur et j'étais impatiente de rentrer chez moi.

Pendant mes jours de permission, je découvrais Nice et retrouvais des connaissances. Ils me suggérèrent de les rejoindre dans un bar LGBT du Vieux Nice, où une rencontre inattendue avec une femme transgenre me bouleversa. Je m'approchai d'elle timidement et lui demandai avec respect si je pouvais m'asseoir à sa table, désireuse de lui poser quelques questions sur un sujet qui m'intriguait profondément. À ma grande surprise, elle accepta, prête à répondre à mes interrogations. Bien que nos parcours fussent inversés, je pressentais que nos expériences pouvaient se faire écho.

D'ordinaire réservée, il était inhabituel pour moi de solliciter la compagnie d'une inconnue, mais à cet instant précis, quelque chose de plus puissant que moi-même me poussait à le faire. Pendant plus d'une heure, elle partagea généreusement son chemin, évoquant les étapes, mais aussi les défis considérables qu'elle avait dû affronter et auxquels elle continuait de faire face, consciente du regard parfois peu accueillant du monde extérieur sur des personnes comme elle.

Cherchant à absorber chaque mot, je me nourrissais de ses récits et de son vécu. Au cours de cet échange, je me sentis comme apaisée, une paix que je n'avais pas ressentie depuis des années s'installa dans mon esprit.

Au fur et à mesure qu'elle me racontait son histoire, je trouvais dans ses mots un écho avec la mienne, et cela me soulageait. Cependant, une appréhension persistait, la crainte que son récit pût se confondre encore plus étroitement avec le mien m'emplissait à la fois de terreur et de curiosité.

Cette introspection intense, nourrie de mes souvenirs d'enfance, généra une série de questions existentielles, qui m'interrogeaient sur la possibilité d'être un homme enfermé dans le corps d'une femme.

De retour chez moi après ces deux mois durant lesquels je m'étais beaucoup questionnée à la fois sur ma réalité de lesbienne et sur la troublante possibilité de mon identité transgenre, je me sentais en pleine confusion, déroutée.

Depuis cette conversation avec cette femme transgenre, mes pensées n'étaient occupées que par cela. Une vague de sensations similaires émergeait, créant une connexion que je ne pouvais ignorer. Pourtant, ressentir ces émotions ne faisait pas naître de la joie en moi, mais plutôt de l'anxiété profonde. C'était une expérience inconnue, comme plonger dans un territoire que je n'avais jamais exploré et cela me terrifiait.

La transidentité était encore taboue dans les années 1990-2000. On n'abordait pas ce sujet aussi ouvertement qu'aujourd'hui et quand on l'évoquait, il s'agissait le plus souvent d'une succession de clichés.

Me retrouver face à la possibilité de faire partie de ce monde complexe et méconnu suscitait en moi un mélange d'appréhension et de fascination.

Ma tête abritait un lourd secret, soigneusement gardé, grandissant à l'abri des regards de mes amis et même de la femme qui partageait ma vie. Cette attitude mutique était mon mode de fonctionnement habituel face à mes incertitudes et je la conservais tant que je n'avais pas élucidé la problématique qui m'obsédait. Depuis des années, je portais en silence le fardeau de mes tourments.

* * *

À l'intérieur de moi un sentiment inconnu prenait une ampleur dévorante. Jamais je ne m'étais sentie aussi mal dans ma peau depuis le début de cette exploration. À tel point que la simple idée d'ouvrir les yeux chaque matin devenait une épreuve, confrontant inlassablement ma conscience à la dure réalité de ce corps qui ne reflétait pas qui j'étais.

C'est lors d'une soirée que tout bascula. Pendant des semaines, voire des mois, j'avais tenté de lutter contre ce qui me consumait lentement. C'était comme être au cœur d'une guerre, sur un champ de bataille où je me retrouvais désarmée, encaissant les coups chaque jour un peu plus forts.

Petit à petit, d'autres pensées, inconnues, envahirent mon esprit. « Et si tu arrêtais tout ça ? Et si tu mettais fin à cette lutte ? » Des idées sombres qui m'apparaissaient comme une porte de sortie. Par moments, ma foi résistait avec vigueur, écartant ces pensées suicidaires. Mais, à force de se répéter, elles prirent de plus en plus de place, jusqu'à devenir omniprésentes.

Un jour, après une journée épuisante à dissimuler ces tourments, je rentrai chez moi. L'appartement était vide. Dans la salle de bains, je fixai mon reflet dans le miroir, les larmes coulant sans discontinuer, ma respiration s'accélérant, je me demandai comment j'en étais arrivée là, ce que j'avais peut-être manqué pour mériter de vivre ainsi.

Les remords me submergèrent, mais l'espoir s'était éteint en moi. Je fis couler l'eau dans la baignoire, regardant le bain se remplir progressivement. Dans ma tête, je me préparais, pensant que la seule issue ne pouvait qu'être celle-ci. Je me rassurais tout en ressentant une peur profonde, non pas de partir, non pas de la mort, mais en pensant au désarroi et au chagrin dans lesquels ma disparition plongerait mes proches.

Allongée dans l'eau, j'eus la certitude que j'avais atteint le terme de cette bataille. Je n'en sortirais pas victorieuse, mais au moins, mes souffrances s'achèveraient ici. Écoutant le silence, je ressentais les battements de mon cœur résonner contre mes tempes. Mes yeux étaient rivés sur cette lame de rasoir que je serrais dans ma main comme la clé de ma délivrance.

Avant d'agir, une vague d'amour venue de nulle part se répandit en moi, chaleureuse et apaisante. J'eus l'idée de m'immerger totalement sous l'eau. Les yeux fermés, un sourire aux lèvres, je laissai mon dos glisser contre la paroi de la baignoire.

Derrière mes paupières, une projection surgit. C'était moi, pas telle que j'étais, mais plutôt telle que je me ressentais. Un homme en paix aidant les autres à trouver cette harmonie intérieure, transmettant la chose la plus magnifique qui soit : l'amour.

Je sortis brusquement de l'eau, le cœur battant, ne comprenant pas ce qui venait de se passer. Ce n'était pas ma propre conscience qui avait fabriqué cette image, c'était un signe, un message. À cet instant, je sus que je n'étais pas seule et que je ne l'avais jamais été. Aveuglée par mon désespoir, j'avais renié la connexion qui me reliait à ma foi profonde et cette vision l'avait ravivée.

Je regardai enfin les choses en face. À dix-huit ans, je venais de comprendre que j'étais un homme transgenre.

Je quittai la salle de bains, enveloppé d'une sensation nouvelle, un sourire radieux sur mon visage. Ce moment m'avait métamorphosé et je commençais à ressentir pleinement l'effet de cette expérience. Enfin, j'avais compris véritablement ce que c'était ! C'était une connaissance que j'avais toujours portée en moi, mais que j'avais obstinément refusé d'affronter.

Pour la première fois, je m'approchai du miroir, contemplant mon reflet. À voix haute, je me lançai ces paroles : « Je sais maintenant, et tout ira bien, tu vas y arriver. »

C'était un acte d'amour envers moi-même, une première étape vers une acceptation complète.

Pour la première fois depuis longtemps, je m'allongeai sur mon lit, serein, la lumière sur ce qui me causait tant de souffrance enfin faite. Cependant, cet apaisement fut de courte durée, dès le lendemain matin, la réalité de mon être masculin enfermé dans un corps féminin me rattrapa, avec son lot d'angoisses et ses pressions extérieures. Un doute s'insinua en moi, remettant en question cette parenthèse de légèreté, cette expérience libératrice.

D'ailleurs, le reflet dans le miroir contrastait cruellement avec le rêve éveillé de la veille et me ramenait brutalement à mon statut de femme. Toutefois, je décidai que des priorités plus pressantes requerraient mon attention, reléguant ces questionnements dans un coin de mon esprit et de mon cœur, je refermai temporairement cette porte.

* * *

Le désir de travailler dans un bar, de jongler avec les saveurs et les cocktails, était toujours présent. Dans ma petite ville, les endroits de ce genre étaient rares, mais j'en rêvais de plus en plus. La fille avec qui je vivais venait d'une autre ville et elle me suggéra de tenter ma chance là-bas, les bars y étant plus nombreux.

Après mûre réflexion, je décidai de déposer des CV dans divers établissements. Rapidement, un directeur, responsable de deux lieux différents, me contacta. L'entretien se fit pour un poste dans l'un des deux, ouvert de nuit jusqu'à 5 heures du matin, du jeudi au dimanche, un repaire pour les noctambules quand les autres établissements fermaient leurs portes.

Ma vie professionnelle débuta avec un contrat à durée indéterminée. Sans les moyens de financer mon permis à l'époque, je faisais quotidiennement l'aller-retour accompagné par ma petite amie de l'époque. En parallèle, je cherchais un appartement proche de mon lieu de travail afin de mettre fin à ces trajets épuisants.

Le destin me sourit quand un serveur en extra dans l'établissement, qui quittait son appartement, me proposa de le reprendre. Je visitai ce petit F2 dans les hauteurs de la ville, composé d'une pièce à vivre et d'une chambre séparée. Ce nouveau chez moi représentait bien plus qu'un simple logement, c'était une étape significative vers une vie meilleure.

Malgré les *a priori* de la propriétaire concernant mon emploi de nuit, elle me confia les clés après que je l'eus rassurée. Enfin, je pouvais savourer la conquête de mon nouvel espace, la réalisation d'une étape cruciale dans ma vie.

Excité et impatient, je déménageai dans cette ville inconnue, n'y connaissant que quelques visages, celle qui partageait ma vie, un ami du lycée professionnel travaillant dans l'autre établissement géré par le même directeur qui m'avait engagé et de vagues connaissances éparses.

Malgré la peur de l'inconnu, une certitude me guidait, peu importait l'issue, j'avançais et c'était l'essentiel.

Un nouveau rythme de vie se mit en place et je me mis à travailler de nuit. J'étais souvent confronté aux questions intrusives des clients concernant mon identité, donnant lieu à des échanges parfois étranges. Leurs regards trahissaient leur curiosité, et bien que j'en jouasse par moments, je finissais par dire inévitablement la phrase qui perçait mon cœur à chaque nouvelle révélation : « Je suis une fille. » Je vivais dans une réalité complexe où je jonglais avec une apparence déroutante tout en préservant un masque figé, affirmant ma féminité non conventionnelle.

C'est dans ce bar, une nuit, que je fis la connaissance de Julien, un videur au visage brut. Derrière son apparence imposante, je percevais un homme ayant traversé des épreuves semblables aux miennes. Impressionné par sa musculature spectaculaire, je le sollicitai pour m'entraîner à la salle de sport, amorçant ainsi ma première incursion dans ce monde inconnu.

Julien devint mon guide, brisant les barrières de genre dans notre quête commune du dépassement de soi. Nos séances d'entraînement prirent la forme d'un rituel durant lequel je m'apaisais, loin de mes tourments habituels, dans la bulle de bien-être ainsi créée. À mesure que les mois s'écoulaient, je contemplais avec émerveillement la transformation de mon corps qui gagnait en masse musculaire et révélait une image de moi qui me comblait de bonheur. Mon existence tournait désormais autour de cette métamorphose physique, convaincu que chaque gain musculaire me rapprochait un peu plus de ma véritable identité.

Un jour, Julien me montra une photo de Dana Linn Bailey, une athlète dont le corps musclé devint la source de mon inspiration. J'eus une révélation majeure : ainsi des femmes pouvaient atteindre le niveau de musculature qui me fascinait tant, et je compris que la poitrine, principalement composée de graisse, pouvait réduire considérablement grâce aux exercices. Dana Linn Bailey devint ma ligne directrice, ses vidéos d'entraînement alimentaient mes aspirations.

Mon passé enfermé derrière la porte de ma salle de bains, ne méritait plus d'attention.

Je décidai de tourner le dos à mes maux, refusant de laisser les pensées et les souvenirs d'une réalité révolue entraver mes espoirs du présent. À coups d'efforts et de travail, la quête de moi-même sembla être la seule voie à suivre.

* * *

Je m'engageai alors dans une ultime phase d'autopersuasion, martelant avec force et déni : « Je suis une femme. » Mes aspirations et désirs différaient de ceux des autres, mais je devais pleinement accepter ma féminité et apprendre à vivre avec.

Pris dans une obsession grandissante pour la musculation, une seule idée guidait mes efforts : me rapprocher d'un physique très musclé, de mon idéal, qui, je l'espérais, serait enfin synonyme d'apaisement. Dans cette quête, chaque séance d'entraînement constituait un pas de plus vers l'acceptation.

Pendant ce temps, la vie suivait son cours, ponctuée de nouvelles rencontres et d'expériences inédites. Chaque jour je jouais un rôle et les soirées demeuraient plus particulièrement des épreuves. J'étais incapable d'en profiter pleinement sans recourir à l'excès d'alcool ou aux drogues. C'est seulement sous l'influence de ces substances que je me trouvais désinhibé. Ces moments devinrent des clés déverrouillant ma capacité à m'abandonner, à oser des actions que je n'aurais jamais envisagées en étant sobre. C'est comme si tous ces produits avaient le pouvoir de faire tomber les barrières, révélant une partie de moi qui peinait à émerger autrement.

En vivant ces instants, je commençais à entrevoir que mon attitude lors de ces soirées pouvait être liée à un manque profond de confiance et d'amour pour moi-même.

Les moments de détente en soirée, loin des fardeaux qui pesaient sur moi, renforçaient ma conviction que tout cela n'était que temporaire et qu'un jour, cette phase serait derrière moi. Cette constatation alimentait davantage ma démarche d'autopersuasion, m'encourageant dans l'idée que j'étais simplement une femme de dix-neuf ans mal dans sa peau.

Toutefois, certaines situations déconcertantes m'obligeaient parfois à entrevoir ce que je m'efforçais de garder caché derrière cette porte.

Comme j'étais en couple avec une femme, on me classait dans la case de « lesbienne ». Les discussions autour de notre relation suscitaient parfois des questions maladroites sur la « durée » de notre homosexualité. Je peinais à comprendre pourquoi de telles interrogations persistaient. Bien que je trouvasse ces questions indiscrètes, elles servirent, d'une certaine manière, d'indicateur.

Quand on me qualifiait de lesbienne, je sentais une dissonance. Aveuglé par mon déni et des perceptions erronées, j'essayais de comprendre pourquoi cette étiquette me dérangeait autant, alors qu'elle recouvrait une réalité. Aux yeux des gens, j'étais une femme attirée par les femmes, en couple avec l'une d'entre elles. C'était un fait incontestable, mais, au fond de moi, je ne me reconnaissais pas dans cette catégorie. Je me voilais la face, contraint d'accepter une réalité conditionnée par mon éducation et mon environnement. Je forçais mon esprit à accepter une vérité qui, au plus profond de moi, ne correspondait pas à qui j'étais vraiment.

Avec le temps, les tensions avec la famille de celle qui partageait ma vie s'apaisèrent. Au départ, leur intolérance était telle qu'ils ne pouvaient supporter ma présence. Cette hostilité me semblait incompréhensible. Comment pouvait-on ressentir autant de haine et de dégoût envers un être humain, sans même prendre le temps de le connaître ?

Peu à peu, les choses évoluèrent, et j'eus l'occasion de les rencontrer. Malgré tout, même après avoir traversé ces différentes phases, je ne parvins jamais à me sentir véritablement à l'aise. Je sentais que je n'étais pas le bienvenu, que les échanges n'étaient pas sincères et je n'avais qu'une envie quand j'y étais : m'éloigner au plus vite.

Pourtant, dans ces moments-là, je ne me remettais pas en question. Je me disais simplement que ces personnes étaient aveuglées, conditionnées dans leur perception. C'était un jugement cinglant, dénué de tout motif légitime.

Je me persuadais en me répétant que ce n'était pas grave et que finalement je ne perdais rien. Leurs comportements et actions en disaient long sur eux-mêmes, et je ne sortais pas perdant de cette histoire.

Cependant, une personne souffrait de cette situation : ma petite amie. Elle était blessée de voir sa famille réagir de la sorte, car en me rejetant, c'était elle qu'ils repoussaient.

Je me demandais pourquoi ce schéma se répétait encore une fois. Dans 99 % des cas, les femmes avec qui j'avais entretenu des rapports n'en avaient jamais eu avec une autre femme. J'étais souvent la première, et l'annonce de cette nouvelle faite aux proches avait toujours un impact, avec lequel nous devions composer. Par moments, je m'en voulais d'être à l'origine de ces difficultés, car je ne souhaitais à personne d'être rejeté, encore moins en raison de l'orientation sexuelle.

Un jour, je pris la décision de me confronter à la réalité. Il était clair que je ne parvenais pas à être véritablement en couple, et que les sentiments que je pensais ressentir n'étaient pas à la hauteur des mots d'affection que je pouvais prononcer. Cette prise de conscience me poussa à admettre que je ne devais plus chercher désespérément en dehors de moi ce qui me manquait à l'intérieur. En plus de ma propre souffrance, je projetais ces tourments sur un autre être humain et lui infligeais des peines.

Je savais que cette décision allait briser le cœur de la personne qui partageait ma vie, mais il était temps d'être authentique. Attendre davantage n'aurait fait que causer des blessures encore plus profondes. Je devais la libérer pour qu'elle puisse trouver quelqu'un qui l'aimerait à sa juste valeur, chose dont j'étais alors incapable.

* * *

Pendant cette période de ma vie, une expérience bouleversa le cours de mon existence. Vivant assez loin de ma famille et pris dans un rythme de vie décalé, mes visites familiales se limitaient souvent aux dimanches.

Ma mère, en couple depuis plusieurs années, avait déménagé près de Nevers en raison de la mutation de son compagnon. Depuis deux ans, je ne l'avais pas revue, mais ses appels réguliers laissaient entrevoir une réalité difficile. Habitant dans une forêt isolée, seule en semaine à cause des déplacements fréquents de son concubin, je percevais dans nos conversations téléphoniques qu'elle survivait dans un dangereux cocktail de solitude, de souffrance et d'alcool.

La distance géographique aggravait encore davantage la situation déjà compliquée, mais je savais que si la vie avait orchestré cette séparation, c'était pour une raison. Concentré sur mon quotidien, je m'efforçais de vivre l'instant présent.

Un jour, descendant dans le bar où travaillait mon ami du lycée, un appel inattendu de ma tante bouleversa mon existence. Elle m'annonçait que ma mère avait été conduite à l'hôpital et que les médecins ne lui donnaient plus qu'une semaine à vivre. Sans la moindre hésitation, j'acceptai de me rendre à Nevers avec elle. À cet instant précis, j'étais fou de chagrin comme jamais je ne l'avais été. L'appel se termina, me laissant coi, les yeux emplis de larmes et désespéré.

Préparant rapidement mes affaires, je pris la route pour rejoindre ma tante. Ma sœur, enceinte à ce moment-là, ne pouvait pas faire le voyage avec nous. À mon arrivée, ma tante m'expliqua que ma mère avait été retrouvée affaiblie, incapable de se lever, mais le contexte était encore flou. Nous nous apprêtions à parcourir 350 km pour la retrouver.

Prostré dans la voiture, terrifié, je me demandais si tout cela était bien réel, et si j'allais véritablement perdre mon unique repère, ma mère, le pilier central de ma vie. Aucun mot ne sortait de ma bouche, l'ambiance était pesante.

Arrivés à l'hôpital, l'odeur aseptisée caractéristique me saisit, accentuant mon anxiété. Les médecins nous avertirent que la vue de ma mère pouvait être un choc, mais cela m'importait peu, je voulais seulement connaître son numéro de chambre et la voir. À mesure que nous approchions, une angoisse grandissante serrait mon estomac et ma gorge.

Devant la chambre B052, ma tante poussa doucement la porte, mais recula, les yeux noyés de larmes, déclarant que c'était trop dur pour elle.

Sans hésiter, je pénétrai dans la chambre. Je m'arrêtai à quelques mètres du lit, face à ma mère, j'observai rapidement son état physique avant de plonger mon regard dans le sien.

Hospitalisée en raison d'une accumulation de liquide dans son ventre, elle avait l'apparence d'une femme enceinte avec le corps d'un enfant. Elle ne pesait plus que 28 kg pour 1,71 m. Malgré les tuyaux et son incapacité à parler, je percevais sa joie de nous voir. Devant elle, je retenais mes larmes, pour lui faire comprendre que son état ne me faisait pas peur.

Restant à ses côtés, je tentais de la faire sourire, lui donnant à boire à l'aide d'une petite paille, répétant sans cesse que tout irait bien, qu'il n'y avait pas d'autre choix, que dans quelques mois, elle aurait la joie d'être grand-mère pour la première fois.

Le médecin nous convoqua dans son bureau, expliquant que le foie de ma mère ne fonctionnait plus, et qu'elle était atteinte d'un cancer généralisé. Son état était trop instable pour espérer une guérison. Il lui donnait environ une semaine à vivre, voire deux si nous avions de la chance, mais pas plus.

À cette annonce, j'eus immédiatement la conviction que ce diagnostic était erroné et je le refusais catégoriquement. Revenu dans la chambre, je rejetais ces informations et restais concentré sur la certitude que ma mère s'en sortirait. Ensuite, ma tante organisa son rapatriement dans un hôpital de notre région, ce qui prit plus d'une semaine.

Camille était venue nous rejoindre et chaque jour je passais du temps auprès de notre mère, suppliant l'univers de l'aider à surmonter cette épreuve. Plus d'une semaine s'écoula, et bien que son état ne s'améliorât pas, il ne se détériorait pas non plus.

Chaque soir, j'implorais un miracle pour que ma mère survive. Quand j'étais auprès d'elle, je posais mes mains sur son ventre, envoyant de l'amour à son corps et priant pour que ses souffrances s'apaisent. Il m'était égal de ressortir de l'hôpital avec des migraines à en avoir la nausée.

Un jour, lors d'une visite avec ma grand-mère et ma sœur, alors que nous riions dans sa chambre après lui avoir offert des slips du rayon enfant, un médecin entra et prononça ces mots : « Madame Cerdan, croyez-vous aux miracles ? » Elle rit et répondit « Ça dépend pourquoi, mais oui. »

Il reprit : « Vous pouvez y croire pleinement, car vous n'avez plus de cancer, et votre foie se régénère. »

Ce fut un moment de joie si intense, un soulagement si grand. Un miracle venait bel et bien de se produire. Je restai sans voix. Il y a des expériences qui dépassent le pouvoir des mots, des moments où aucun être humain, aucun scientifique, ne peut véritablement rendre compte de l'inexplicable.

Moi-même, je ne comprenais pas ce qui s'était passé ni comment cela était possible. Je savais simplement que c'était réel et que ma mère allait désormais s'en sortir. À compter de ce jour, je ne me suis plus jamais éloigné de ma foi, de cette connexion profonde avec le monde spirituel que j'ai toujours ressentie. Je compris et acceptai inconditionnellement que je n'étais pas seul.

Dans les jours, semaines et mois qui suivirent, je remerciais l'univers chaque jour pour ce miracle. Cette expérience changea à jamais ma vie, tout comme elle changea celle de ma mère. Après l'avoir vue sur le point de mourir, je compris la fragilité de l'existence. Notre éducation et notre société évitent souvent de parler de la mort, la considérant comme un sujet tabou. Nous grandissons sans vraiment valoriser la fin de nos jours et par conséquent nous ne valorisons pas pleinement la vie.

Il y a certaines choses qui ne s'expliquent pas et qui se vivent simplement. J'ai vécu différents miracles qui m'ont permis de prendre conscience de la valeur de la vie malgré ses difficultés.

Pendant ces moments éprouvants, je reléguais mes tourments au second plan. Même si, sur l'instant, ces épreuves n'ouvrirent pas immédiatement la porte derrière laquelle cognait ma vérité, ils permirent néanmoins de créer une brèche, laissant la lumière s'y infiltrer.

6
Seconde révélation

Ma vie n'était que travail et sport. Concernant les relations humaines, j'avais décidé de ne plus m'engager, conscient des conséquences malheureuses de mes choix passés. Elles avaient laissé des traces chez mes compagnes, tandis que mes propres sentiments restaient aux abonnés absents. Je me persuadais que suivre la voie des rapports purement charnels me conduirait à m'apprécier, à m'aimer. Après tout, si d'autres parvenaient à ressentir cela pour moi, pourquoi ne m'apprécierais-je pas, ne m'aimerais-je pas moi-même ? Mais en réalité, c'était une course dénuée de sens, une spirale dans laquelle je me perdais inlassablement, car en agissant de la sorte, je me faisais davantage du mal et j'en faisais aussi autour de moi.

Pourquoi agir ainsi, faire quelque chose que, finalement, je ne désirais pas réellement ? Était-ce pour le personnage que je m'étais créé ? Était-ce pour le monde extérieur ? Pourquoi me comporter de manière désalignée avec moi-même ? Dans quel but ?

Face à tous ces questionnements, la fuite était souvent ma réponse. Le déni me permettait de continuer ainsi, comme si de rien n'était, alimentant un cercle vicieux sans issue véritable.

Malgré les heures passées à la salle de sport, malgré la transformation de mon corps, rien ne permettait d'apaiser la relation destructrice que je continuais d'entretenir avec lui. Je me convainquais que le temps était nécessaire et que la métamorphose à laquelle j'aspirais ne se ferait pas en un jour. Pour autant, je ne cessais de me sentir mal, me dénigrant, nourrissant une haine envers cette enveloppe.

Le personnage de la « lesbienne masculine » que j'avais créé me consumait en silence. Une partie sincère et authentique de moi semblait piégée, comme dans une cage aux hauts barreaux.

Le soir dans mon lit, dans l'obscurité de ma chambre, je réfléchissais à tout cela, à mon enfance, à mes ressentis, à mes expériences, à mes rencontres. L'idée d'être un homme transgenre émergeait, mais la peur de l'inconnu me poussait à la rejeter. Petit à petit, je me rendais compte que je n'avais jamais vraiment écouté cette voix intérieure, l'ayant fait taire sans lui avoir laissé l'occasion de s'exprimer.

C'est alors qu'un jour, je décidai, sur mon téléphone, de taper dans la barre de recherche « Homme transgenre ». Les photos d'hommes épanouis, arborant un torse plat et un visage rayonnant, enfoncèrent la porte que j'avais tenté de maintenir fermée. Une petite voix résonnait dans ma tête :

« C'est bien cela, tu es simplement un homme piégé dans ce corps de femme. »

Déconcerté, je refermai mon téléphone, restant immobile pendant des heures. Je comprenais que la réponse était là depuis le début, mais que je la repoussais obstinément, que je refusais de la voir et de l'écouter. À vingt ans, une deuxième étape de mon acceptation venait d'être franchie, marquant une évolution capitale depuis celle de mes dix-huit ans.

Je fus alors ébranlé dans toutes mes certitudes, une force indomptable rebattit toutes les cartes, ne laissant rien sur son passage. J'avais grandi avec des schémas traditionnels, avec une vision binaire du monde, où l'homme et femme y étaient les seuls acteurs légitimes. Je m'étais efforcé de maintenir cette perspective, persuadé que c'était la nature même de l'humanité, une vérité immuable depuis la nuit des temps.

Pendant des années, j'avais réprimé cette partie de moi qui cherchait à exprimer sa vérité. Je me questionnais sur la raison pour laquelle je m'étais tant battu contre elle. Il m'apparut alors que je cherchais à adopter la vision commune, à être « normal », à me fondre dans la masse en alignant mon être sur des normes préétablies.

Pourtant, ce que je ressentais différait radicalement de cette norme. Mon chemin, ma destinée étaient uniques. Lorsque la prise de conscience survint la première fois, ce ne fut plus simplement une évidence, mais une révélation profonde. Cette projection m'avait été envoyée, une force puissante tentait de m'indiquer la voie à suivre. Cependant, égaré et conditionné par mes blessures, j'avais résisté, cherchant désespérément à nier ma vérité.

Cette seconde révélation fut une bataille intérieure que j'aurai livrée durant deux années, elle aura été une lutte acharnée entre qui j'étais et les barrières que j'avais érigées. Mon formatage vola en éclats, m'autorisant à porter un œil neuf sur le monde, sur l'humanité, sur moi-même. Un *reset* sans oubli, où tout ce que j'avais traversé demeurait, mais où je voyais ce qui m'entourait avec mon propre regard.

Bien sûr, ce bouleversement était déstabilisant. C'était comme si tous ces conflits qui duraient depuis des années étaient enfin terminés. J'étais là, sur le champ de bataille, à marcher en constatant l'étendue des dégâts que j'avais causés, prenant conscience que j'étais l'instrument de ce désastre. Je restais sans mots à observer tout cela. Pour la première fois de ma vie, je découvrais le sentiment du silence intérieur, où tout était calme. Je n'avais jamais ressenti une telle quiétude.

Errant dans ce *no man's land*, je distinguai en son centre une source divine de lumière qui répandait sa clarté sur un petit périmètre, redonnant naissance et vie à ce qui entrait en contact avec son éclat. Je m'approchai de cette lueur et je compris qu'elle était l'essence même de qui j'étais, ma vérité, celle que j'avais barricadée. Une rencontre qui me remplit de bonheur. Je retrouvai ma paix de petit garçon, elle n'avait jamais disparu comme j'avais pu le croire. Elle n'était jamais partie, c'était moi qui n'avais eu de cesse de la fuir. À cet instant, je décidai de renouer avec cette partie de moi, de fusionner à nouveau en me promettant de ne plus jamais m'en éloigner.

Beaucoup de personnes me posent cette question : « Comment sait-on qu'on est transgenre ? »

En réalité, on ne le sait pas, on le ressent, on l'est depuis toujours. Chaque être humain, qu'il soit cisgenre ou transgenre, est unique, façonné par ses expériences et ses choix. Il n'y a pas de protocole à suivre pour comprendre qui l'on est. La seule voie à emprunter est celle de notre cœur. Notre âme ne se trompe jamais.

Ce moment de révélation survient à des moments différents pour chacun d'entre nous. Je l'ai compris à dix-huit ans, mais je n'ai accepté de voir et d'entendre ma vérité qu'à vingt ans.

Je parle de transidentité ici, mais l'essence même de qui nous sommes ne se résume pas à notre identité de genre. Nous portons en nous une part commune, que l'on soit cisgenre ou transgenre, c'est notre humanité.

J'avais donc désormais une pleine conscience de qui j'étais, une réalité profonde que je comprenais et acceptais enfin. Mais, un nouveau défi se profilait à l'horizon, un combat avec le monde extérieur où je devais déconstruire le personnage que j'avais créé, celui de Jeanne, cette femme très masculine, assumant pleinement son identité et ses désirs.

Bien que la clé de ma vérité fût entre mes mains, franchir le seuil de cette porte représentait une épreuve insurmontable. Je me retrouvais à endosser le rôle que le monde extérieur connaissait, ignorant la vérité que je portais en moi. Accepter ma véritable identité me confronta à des réalités brutales, des aspects que je m'étais jusque-là efforcé de protéger et de rejeter.

Le pronom « elle » résonnait dans mon esprit, provoquant une réaction désagréable que je repoussais violemment par le passé. Aujourd'hui, c'était comme un uppercut lorsque je l'entendais, sans que je ne fisse rien pour m'en protéger. En façade, je m'efforçais de rester neutre, mais à l'intérieur, toutes mes cellules criaient : « Non, ce n'est pas "elle", je suis un homme ! » Je tentais de m'apaiser en me convainquant que ce n'était pas encore le moment, que je ne me sentais pas prêt.

Cette nouvelle dualité engendrait une souffrance inédite, mais cruciale pour ma croissance. Elle se présentait comme une phase préparatoire, un processus nécessaire pour acquérir la force, le courage et l'amour envers moi-même, indispensables pour révéler ma vérité au monde extérieur. Le chemin à parcourir restait encore long, mais chaque jour devenait un entraînement, un pas de plus vers ma liberté.

Alors que je travaillais, les questions sur mon genre fusaient parmi mes collègues. La majorité semblait s'être mise d'accord sur le fait que je fusse une femme. Malgré cela, je continuais de jouer ce rôle, vivant dans deux mondes parallèles : le mien, celui de ma vérité, et l'extérieur, celui de la réalité où j'avançais lentement mais sûrement dans la bonne direction.

À cette époque, je travaillais dans le bar « Le Chez Nous » que nous avions ouvert avec un ami d'école. Lors d'une discussion devant l'établissement, s'invita le sujet de la transidentité. J'étais surpris, car jusqu'à présent il n'était jamais sorti. Je percevais cela une fois de plus comme un nouveau signe, mal à l'aise, j'écoutais plus que je ne prenais part à la conversation. Soudain, une personne me lança : « C'est pareil pour toi, je suis sûre que tu es un homme, ce n'est pas possible autrement. » Cette phrase me fit l'effet d'un uppercut. Déboussolé, ma première réaction fut d'abord de me dire : « Comment a-t-elle su ça ? Peut-elle lire en moi ? » Je finis par nier, difficilement.

À maintes reprises, je ressentis l'étrange dualité de mon partage entre deux mondes distincts. La peur du monde extérieur était tangible, mais la personne que je redoutais le plus, c'était moi-même.

* * *

Mon épanouissement dans le sport avait pris une nouvelle direction. Mon objectif était simplement de sculpter mon corps et de m'entraîner pour me rapprocher au maximum de l'image qui refléterait qui j'étais à l'intérieur.

À cette époque, des personnes de mon entourage pratiquant le bodybuilding évoquaient fréquemment l'utilisation de produits anabolisants pour gagner en masse musculaire. Conscient des risques pour la santé, j'hésitais. Mais, chaque discussion sur la testostérone ravivait la projection de moi-même que j'avais eue à dix-huit ans. L'idée de cette hormone devenait une possibilité séduisante pour atteindre les résultats tant désirés. Même si mes connaissances m'alertaient sur ses effets indésirables, comme une pilosité accrue, je balayais ces inquiétudes d'un revers de main, prêt à tout pour ressentir ses bénéfices possibles.

La prise des produits anabolisants n'était pas sans risque, mais l'attrait était trop fort à ce moment-là. Je sautai le pas, commandant une cure de testostérone pour deux mois. Tenir ces boîtes illégales dans mes mains provoquait chez moi un sentiment d'euphorie et de méfiance. J'ignorais ces signaux et entrepris la cure, ne partageant mon secret qu'avec un cercle très restreint. Un ami proche venait même dans mon bar avant le service pour m'administrer le produit.

Avec le recul, cette automédication était complètement inconsciente, mais à l'époque ma soif de liberté et d'authenticité me poussait à tout tenter, quitte à faire des choix dangereux.

Des pensées tourbillonnaient dans ma tête, me rappelant les risques de ma décision : « Et si tes poils se développent, que diras-tu aux autres ? C'est stupide, tu te diriges dans la mauvaise direction. » Pendant cette cure je pris 8 kg, mais ma pilosité n'augmenta pas. Je continuais de me raser, persuadé qu'en tant que femme, je ne devais pas avoir de poils aux jambes, bien que le désir de les laisser pousser me tentât. À la fin de la cure, après quelques semaines, toute ma masse musculaire avait disparu. Retour à la case départ.

Perdu, je maintenais l'illusion devant tous, mais en moi-même, je restais fidèle à mes pensées et à ma conscience.

Au bar, des discussions fusaient sur les personnes changeant de sexe. Beaucoup exprimaient des opinions tranchées, dénigrant les transgenres. Je prenais leur défense, sans révéler ma propre situation, lançant des rappels tels que : « Vous ne savez pas ce qu'elles vivent, on ne peut pas parler à leur place. » Je m'engageais rarement, sauf quand la discussion prenait un tour personnel et il m'était alors impossible de rester silencieux dans ces cas-là.

Au fil des années, j'observais que les jugements étriqués ouvertement critiques à l'égard des questions de genre étaient la plupart du temps le fait des hommes. Ce qui me scandalisait plus particulièrement, c'étaient les propos qu'ils tenaient au sujet des hommes trans, les dénigrant pour dire qu'au fond ils resteraient toujours des femmes. Quant aux femmes transgenres, ils avaient tendance à les sexualiser. Ces comportements me révoltaient. Les personnes transgenres devenaient souvent l'objet de fantasmes malsains, réduites à l'état d'objet sexuel.

À maintes reprises, j'intervenais pour leur faire prendre conscience du caractère écœurant de leurs propos, les invitant à réfléchir à la façon dont ils réagiraient si cela concernait leurs enfants ou leurs proches. Étonnamment, cela les mettait mal à l'aise.

Ces discussions renforcèrent ma compréhension du monde dans lequel nous vivions, ainsi que la manière dont la transidentité y était perçue. Dès que je le pouvais, tout en gardant un masque public, j'intervenais discrètement lorsqu'on ternissait l'image des personnes transgenres sans pour autant révéler ma propre identité.

Une question me hantait : comment réagirait ma famille en découvrant ma transidentité, surtout par rapport à l'hostilité du monde extérieur ?

Je connaissais assez mes proches pour me rendre compte qu'une révélation brutale ne serait ni compréhensible ni bien accueillie par eux. Il fallait trouver un moyen de leur montrer que la transidentité appartenait au genre humain.

Progressivement j'introduisis le sujet de la transidentité dans nos conversations, jaugeant leurs réactions. L'incompréhension était palpable au début. Mon approche incluait la présentation de photos de personnes transgenres, dont la vision suscitait l'incrédulité face au fait que ces hommes étaient nés femmes ou que ces femmes étaient nées hommes.

Je m'efforçais de démontrer que la transidentité était normale, qu'elle faisait partie de notre monde, qu'elle dépassait la question de l'enveloppe corporelle. En partageant avec eux d'autres approches culturelles telles que le concept de bispiritualité (*two-spirit*) chez les Amérindiens, je tentais de les ouvrir à des perceptions différentes de celles auxquelles nous étions tous habitués.

Les réactions variaient, des plus virulentes aux plus bienveillantes. Je comprenais où s'enracinaient leurs craintes, je cultivais la patience et surtout l'amour, convaincu que le temps serait mon meilleur allié pour faire bouger leurs mentalités.

Mes visites familiales devenaient ainsi l'occasion de discuter de la transidentité. En parallèle, je poursuivais mes recherches pour mon propre cheminement, mais la complexité des informations trouvées en ligne ne faisait que brouiller davantage les pistes. Le choix entre un parcours public encadré et un parcours privé où je devais constituer ma propre équipe, fit pencher rapidement la balance en faveur de la seconde option.

La première étape de ce parcours prévoyait la rencontre avec un psychiatre, indispensable pour pouvoir accéder aux hormones et aux opérations.

Mon choix était fait, mais je me sentais seul, je n'avais partagé le secret de ma transidentité avec personne. Mes recherches se faisaient dans le silence, tout en continuant de préparer ma famille à l'annonce imminente de ma véritable identité.

Il aura fallu près de deux années pour que je me sente véritablement prêt. Durant tout ce temps, je me conditionnais à ce qui allait se passer, conscient que cela ne serait pas sans conséquences, ouvrant ainsi la porte à un autre combat, celui de ma liberté. Une fois prêt, je me lançai, sachant qu'il n'y aurait plus de retour en arrière possible.

7

Le grand saut vers la transition

En août 2017, je me sentais enfin prêt à faire le grand saut. Oscillant entre excitation et angoisse, je composai le premier numéro de téléphone de psychiatre exerçant dans ma région. Ma logique était simple : un psychiatre restait un professionnel qui saurait m'accompagner. Je me lançai donc dans l'inconnu.

J'avais un rendez-vous fixé dès le lendemain. Dans cette attente, je me posais mille questions sur la manière dont je devais aborder le sujet. Comment dire cela ? « Bonjour, je ne suis pas dans le bon corps ? » Serais-je jugé ?

En descendant ma rue pour aller au rendez-vous, j'étais rempli d'espoir, heureux d'avoir enfin enclenché le processus. Arrivé dans la salle d'attente, je sentis une étrange sensation au creux de mon ventre. J'attribuai cela au stress, en tentant de relativiser la situation. Cependant, lorsque la psychiatre vint me chercher, nos regards se croisèrent, et je sentis que les choses ne se passeraient pas comme je l'avais espéré.

Installé dans son cabinet, face à elle, je lui dis : « Je suis un homme transgenre, et j'ai besoin de vous pour démarrer mon parcours de transition, car sans vos attestations je ne pourrai pas avancer. »

Elle posa sur moi un regard condescendant et dégoûté qui fut suivi d'un commentaire déplacé. Elle rit nerveusement, ne comprenant visiblement pas de quoi je parlais. Je tentai de lui expliquer mon cheminement. Sa réaction fut sans appel, elle se mit en colère, affirmant que je voulais détruire ce qui m'avait été donné, que je cherchais à me mutiler. Elle refusa catégoriquement de me fournir ce dont j'avais besoin.

Alors qu'elle vomissait ses propos transphobes, je me levai pour partir. Je claquai la porte de son cabinet, laissant derrière moi les horreurs qu'elle avait proférées. J'étais de retour à la case départ, en colère, mais résolu, je repris mon téléphone et appelai une autre psychiatre en ville. J'eus de la chance, il y avait eu un désistement pour la fin de l'après-midi. Je me rendis chez cette autre docteure, porté par une grande détermination.

Je me sentis rassuré et je tentai d'oublier la scène transphobe que je venais de vivre. J'étais un peu désorienté, car pour la première fois j'allais, en tant qu'homme transgenre, me livrer réellement à quelqu'un.

Curieusement, la sensation désagréable dans mon ventre avait disparu. Dans la salle d'attente, je me sentais en paix. Une femme vint me chercher, et je m'installai sur une chaise face à elle. Lorsqu'elle me demanda pourquoi je consultais, je décidai de lui parler à cœur ouvert, lui exposant mon parcours, mes prises de conscience et qui j'étais.

Elle resta sans voix, un sourire aux lèvres, puis prononça ces mots que je n'oublierai jamais :

« Monsieur Cerdan, personnellement, je ne peux rien faire de plus puisque vous savez qui vous êtes. »

À l'écoute de cette phrase, mon visage s'illumina. Je lui répondis : « Oui, je sais qui je suis et c'est pour cela que je suis ici, car sans vos attestations, je ne peux pas poursuivre mon chemin. »

Sans prononcer un mot de plus, elle prit son carnet et rédigea les attestations nécessaires, me conseillant de revenir si le besoin s'en faisait ressentir.

En sortant de son cabinet, je ne réalisais pas encore ce qui venait de se passer.

J'étais au comble de la joie, me sentant enfin entendu et compris. Elle détenait l'une des clés pour que je puisse déverrouiller l'autre cadenas, elle me l'avait transmise. Il était temps pour moi de vivre, en étant pleinement moi-même.

Dans la foulée, je pris immédiatement rendez-vous avec un endocrinologue.

En possession de ce précieux papier, je me sentais délivré. J'avais lu de nombreux témoignages en ligne, où certaines personnes devaient attendre plusieurs années avant d'obtenir ce document, j'avais d'office établi qu'il était hors de question pour moi d'accepter une telle attente. Je n'avais pas une seconde à perdre maintenant que j'avais enfin compris et accepté qui j'étais, à vingt-trois ans.

* * *

Pendant de nombreuses années, certains individus sont parvenus à enraciner dans les consciences que la transidentité était une pathologie psychiatrique. Cette acception a persisté jusqu'à son retrait de la liste des maladies mentales en 2009. L'incompréhension face à ce sujet complexe a provoqué des réactions de rejet en cascade. Les conséquences de cette stigmatisation ont été dévastatrices, détruisant la vie de certains, dissuadant d'autres de s'affirmer par peur d'être internés en hôpital psychiatrique. Cette méconnaissance de la transidentité a été transmise de génération en génération, et aujourd'hui c'est ce schéma erroné qu'il faut apprendre à déconstruire.

La complexité du parcours est indéniable, que l'on opte pour le public ou le privé. Il existe des avantages et des inconvénients dans les deux démarches, et je ne pense pas qu'il y en ait une meilleure que l'autre. Cela dépend de chaque personne. Il est même possible de commencer en public et de basculer par la suite en privé. Lorsque l'on décide d'entamer un parcours de transition, il est crucial de faire un choix aligné avec son identité profonde.

Au départ, il m'était difficile d'accepter que le démarrage de ma transition dût passer par la validation d'un professionnel de la santé. J'avais l'impression que c'étaient eux qui détenaient la clé de ma liberté et que je n'avais aucun pouvoir décisionnaire. Aujourd'hui, sept ans plus tard, je sais que cette expérience diffère pour chacun et chacune d'entre nous.

Les psychiatres ne sont pas nos ennemis. Il suffit de trouver la bonne personne pour nous accompagner. Certains sont véritablement extraordinaires. Quand j'ai commencé, la plupart des psychiatres de ma région n'étaient pas informés sur le sujet de la transidentité et préféraient refuser de suivre les personnes transgenres, simplement par méconnaissance. Depuis, les choses ont évolué et de plus en plus de praticiens s'intéressent à la question, prenant le temps de se former pour mieux accompagner leurs patients transgenres.

Il est essentiel de ne pas brûler les étapes de son parcours de transition. Prendre le temps d'éclairer toutes les zones d'ombre et envisager toutes les éventualités est crucial. Lorsque nous vivons des traumatismes, des expériences douloureuses, nous pouvons parfois penser que si nous étions dans le corps opposé, tout serait plus simple. Mais entamer ce parcours révèle que les souffrances sont profondément ancrées et ne sont pas liées uniquement à la transidentité. Si l'on change de corps alors que sa douleur est le résultat de blessures qui n'ont pas de lien avec la transidentité, elle ne disparaîtra pas.

La transidentité fait partie de nous. Effectuer un parcours de transition pour de mauvaises raisons, sans que cela réponde à l'appel de notre être profond, peut avoir des portées dévastatrices. Un bon psychiatre sera là pour aider à déterminer si la volonté de transition est authentique ou si elle est motivée par d'autres facteurs.

Aujourd'hui, je considère l'expertise psychiatrique particulièrement importante, surtout pour les plus jeunes qui pourraient se précipiter dans cette voie sans en discerner nécessairement les conséquences sur leur vie.

J'ai choisi de commencer mon parcours à vingt-trois ans, c'était une décision mûrement réfléchie. Ma transidentité faisait partie de moi depuis toujours, mais je voulais être certain de ne pas me tromper et d'entreprendre ce voyage pour les bonnes raisons. Je n'ai aucun regret. Prendre le temps de s'écouter, d'observer dans le détail notre intériorité et d'envisager toutes les possibilités est primordial.

Et, comme tu le découvriras dans la suite de mon histoire, le véritable parcours se trouve finalement dans la transition en elle-même.

* * *

La chance continua à me sourire et j'obtins un rendez-vous chez l'endocrinologue trois semaines plus tard. Il me fallait désormais franchir l'ultime étape : révéler à ma famille que j'étais un homme transgenre et que je m'apprêtais à entamer mon parcours de transition. Les événements semblaient s'aligner rapidement comme si toutes ces années de dialogue intérieur et de travail sur moi-même portaient enfin leurs fruits. J'étais plus que prêt, et l'univers conspirait en faveur de ce moment crucial.

Je décidai pour faire cette annonce de me rendre chez ma grand-mère, un endroit important pour moi et où ma mère et ma sœur seraient présentes. En chemin, mille questions se bousculaient dans ma tête, j'envisageais tous les scénarios. Une évocation douloureuse de mon enfance refit surface, quand, à huit ans, ma cousine avait prédit en riant que je me ferais « greffer une partie ». Ma mère avait vigoureusement rejeté cette idée à l'époque.

Ces souvenirs affleuraient à ma mémoire, peut-être nourris par mes propres appréhensions. Malgré cela, je me rassurais, convaincu que ma famille avait évolué avec le temps. J'arrivai chez ma grand-mère, coupai le moteur de ma voiture, et pris la feuille qui officialisait ma transidentité.

Je pénétrai dans la maison, les retrouvant dans la cuisine. Je les saluai et déposai le papier sur la table. Je leur annonçai alors que dans moins d'un mois, je commencerais mon parcours de transition pour être enfin moi-même. Leur réaction fut absolument dénuée de tout jugement. Elles me posèrent des questions pratiques, comme si je prévoyais de me rendre à un simple rendez-vous médical.

Les paroles de ma cousine, les pensées de mon enfance s'évanouirent en fumée, face à l'acceptation de ma grand-mère, de ma mère, et de ma sœur. Pour la première fois en dix ans, je me révélais à ceux qui m'étaient chers. Je me sentais vivant, soulagé.

En partant de chez ma grand-mère, une nouvelle énergie m'habitait. J'avais franchi une étape importante, et j'étais désormais prêt à partager mon identité avec ceux qui comptaient pour moi. La peur avait été balayée par la confiance, et je comptais bien me présenter au monde avec authenticité.

* * *

Cela faisait un moment que je n'avais pas été en couple. Je me contentais de vivre des expériences éphémères avec des femmes. J'étais franc et honnête sur mon refus absolu de m'engager dans une relation. Je voulais éviter de causer du mal à quiconque, fort des leçons apprises de mes erreurs passées.

Toutefois, l'amour frappe souvent à la porte lorsque l'on s'y attend le moins. Par le biais des réseaux sociaux et par une connaissance que nous avions en commun, je fis la rencontre d'Émilie et nous commençâmes à échanger des messages.

Un jour, je lui proposai de venir dans mon bar. Quand elle en franchit le seuil, mes yeux se posèrent sur elle et je ressentis un très grand trouble, c'était un sentiment nouveau, une sensation agréable. Après mon service, nous restâmes assis autour d'une table, échangeant sur tout et rien, mais l'attraction réciproque était palpable. Je me perdais dans ses yeux, elle se perdait dans les miens.

S'enchaînèrent plusieurs soirées chez elle ou chez moi. Il n'était pas seulement question de rapprochements physiques, mais plutôt d'une connexion à cœur ouvert. Nous parlions des nuits entières, indifférents au temps qui passait. Je me souviens qu'à chaque fois qu'elle quittait mon appartement, je n'avais qu'une envie, c'était qu'elle revienne.

Dès le départ, je fus honnête avec elle, lui annonçant que je m'apprêtais à entamer un parcours de transition. Pour moi, il était naturel d'être transparent sur cette partie de moi, car elle devait savoir qui j'étais réellement. À ma grande surprise, elle réagit de manière très ouverte, me posant des questions, s'y intéressant sans peur ni rejet.

C'était agréable de la voir réagir ainsi. Pour la première fois, je me dévoilais dans mon intégralité, ne cachant rien.

Nous continuâmes à nous voir et c'est ainsi qu'en dépit de ma résolution de ne plus être en couple, je franchis le cap, sans plus d'hésitation. Pour sa part, c'était la première fois qu'elle ressentait des sentiments envers une personne en transition. Quant à moi, c'était la première fois que je goûtais à celui de l'amour.

Le début de notre relation fut incroyable, nous étions comme dans une bulle où rien ne pouvait nous atteindre.

Comme mon premier rendez-vous chez l'endocrinologue approchait, elle m'accompagna. J'étais heureux de ne pas être seul pour affronter cette nouvelle étape. Je réalisais la chance que j'avais de l'avoir à mes côtés.

Pendant le rendez-vous, le médecin me posa quelques questions, mais surtout, c'était la deuxième fois que quelqu'un, de manière consciente, m'appelait « Monsieur ». Je me souviendrais toujours de cette sensation lorsque je l'entendis me nommer ainsi. C'était comme si je baignais dans une bulle d'amour. Le médecin m'ausculta, me pesa et vérifia mon cœur. Ensuite, il m'expliqua comment se déroulait le traitement hormonal, la fréquence des injections, le dosage ainsi que ses effets. Je pris en compte toutes ses explications. Cela reste l'un des plus beaux jours de ma vie, de ma renaissance.

Nous sortîmes du rendez-vous, la précieuse ordonnance entre les mains. Une fois au pied du bâtiment, je laissai éclater ma joie. J'étais si heureux, et Émilie rayonnait aussi !

Je ne perdis pas de temps et récupérai immédiatement la boîte de testostérone. Je contactai ensuite un infirmier pour prendre rendez-vous. Je n'appréhendais pas l'injection car je connaissais la sensation des injections intramusculaires. Toutefois, l'enjeu était différent cette fois-ci. J'attendais l'infirmier avec une excitation que j'avais de la peine à réfréner. J'étais si impatient de ce jour, je l'avais tant attendu.

Pour être honnête, une fois que ce fut fait, je me dis : « Oh, c'est tout ? » J'avais placé tant d'espoir dans ce moment que la réalité me déçut presque. J'attendais que quelque chose change immédiatement en moi et je restai surpris de constater que la première injection n'avait fondamentalement rien bouleversé. Bien sûr, j'étais heureux, mais l'enjeu se trouvait à présent dans les prochaines étapes.

C'était officiel, le 29 septembre 2017, mon parcours médical de transition venait de commencer.

L'annonce de ma transidentité à mes meilleurs amis se déroula très naturellement. Pour eux, cela était une évidence depuis longtemps. Ils étaient ainsi ravis et heureux pour moi, me soutenant dans ce processus. Petit à petit, je partageai cette information avec les clients réguliers du bar que je tenais. La réalité était que mon enveloppe corporelle allait changer, subir des transformations et je voulais éviter les questions et les regards curieux, je les préparais à ces changements.

La plupart des personnes réagirent très bien, posant parfois des questions pour en apprendre davantage sur la transidentité. Ces discussions éveillèrent les consciences, car beaucoup n'avaient jamais parlé avec une personne transgenre et avaient des préjugés sur le sujet. Il était beau de les voir changer de perspective.

Dans la petite ville où je vivais, la nouvelle ne mit pas longtemps à circuler. Je n'ai jamais cherché à me cacher. Lorsque je reçus ma première injection, je publiai un message sur les réseaux sociaux. Pour moi, cela était symbolique. Après avoir joué différents rôles toute ma vie, il était temps d'être authentique, d'être vrai. Je ne pouvais l'être qu'en exposant au grand jour ma transidentité.

8
Ma transidentité au grand jour

C'est ainsi que j'assumai ma transidentité aux yeux de tous. Petit à petit, je me détournais des personnages que j'avais incarnés. Dans ma relation avec Émilie, je me sentais véritablement bien, en confiance. Ce qui était difficile dans ce début de parcours, c'était que les changements ne s'opéraient évidemment pas aussi vite que je le souhaitais. Cela prenait du temps, mais je comprendrais plus tard que ces délais étaient nécessaires. J'étais à l'affût de la plus infime modification sur mon visage, quand je scrutais mes traits, je vérifiais si la pilosité avait fait son apparition, si les courbes de mon corps évoluaient. Je savais que mon parcours avait démarré, que ce n'était plus qu'une question de patience et pourtant le reflet que je voyais dans le miroir était toujours le même, me rappelant la réalité de ce corps que j'incarnais.

Durant ces prémices, Émilie me fut une aide précieuse, car quand elle posait ses yeux sur moi, je sentais qu'elle voyait réellement qui j'étais, au-delà des apparences. Cela apaisait mes maux et m'aidait à tenir le coup pour traverser ces moments où ma relation avec mon corps restait compliquée. La présence d'Émilie à mes côtés me permettait de me sentir plus en paix avec moi-même. Elle lisait en moi de façon si claire ce que j'avais mis tant d'années à accepter de regarder.

Parfois, je me demandais même ce qu'elle faisait avec moi. Je considérais qu'elle aurait pu avoir n'importe quel homme cisgenre bien supérieur à moi si elle l'avait voulu et qu'elle s'était engagée avec moi qui commençais à peine mon parcours de transition, ce qui n'était pas sans conséquences. En réalité, durant cette période, même si j'avais accepté ma transidentité, je la considérais malgré tout comme un fardeau, et je me sentais inférieur aux hommes cisgenres. Par conséquent, je me disais qu'à tout moment, elle pourrait rencontrer un homme qui la détournerait de moi. Ces peurs me traversaient très régulièrement.

C'était tout nouveau pour moi. Je découvrais ainsi que l'amour a le pouvoir de réveiller certaines choses en nous. Toutefois, je ne compris cela que plus tard, car sur le moment j'étais simplement aveuglé par l'angoisse de la perdre.

J'ai très longtemps porté ce manque de légitimité. Je savais que j'étais un homme et pourtant, quand je me regardais dans le miroir, quand je me confrontais au chemin que je devais encore parcourir, j'étais saisi par un grand sentiment d'illégitimité. Je gardais toutefois en tête que cela faisait partie du processus. Je venais de sauter dans l'inconnu et je devais faire preuve de patience. Les choses se mettaient en place petit à petit.

Au fil des semaines et des mois, ma transition occupait entièrement mon esprit. Les appréhensions accompagnaient toute cette période, et je n'avais pas la moindre idée de ce qui m'attendait. Même si les filtres qu'on pouvait utiliser sur les réseaux sociaux m'avaient donné une vague idée de mon visage masculin, ils se révélaient être à des années-lumière de ce qu'il serait en réalité. Rien ne peut prédire des effets réels de l'hormonothérapie.

Mon plus grand espoir résidait dans l'apparition de ma pilosité faciale. J'avais toujours rêvé d'une barbe, scrutant avec obsession tout poil annonciateur de sa venue sur mon visage. Les premiers mois du traitement n'apportèrent que des changements mineurs à ce niveau. À vrai dire, les premiers signes notables furent loin de ceux que j'avais imaginés.

Depuis l'annonce publique de ma transidentité, j'avais décidé de ne plus me raser les jambes. Cet acte symbolique marquait le début de ma transition. Pouvoir laisser ma pilosité aux jambes était une victoire personnelle. Après trois à quatre mois de traitement, ma pilosité faciale se manifesta enfin. Un duvet apparut sur mes joues, sous mon menton et au-dessus de ma lèvre supérieure. Contempler ces premiers signes me plongeait dans un émerveillement constant. L'idée de laisser pousser ma barbe me tentait, mais l'esthétique initiale de quelques poils épars ne me convainquait pas. Je préférais les raser en attendant que ma barbe fût plus fournie.

Prendre soin de cette pilosité naissante devint une des joies que m'offrit cette nouvelle phase de ma vie. Nourrir mes poils devenait un rituel, je les traitais comme la prunelle de mes yeux, mettant tout en œuvre pour favoriser leur croissance.

Au bout de six mois sous testostérone, ma barbe prit forme et s'épaissit. Mon premier rendez-vous chez un vrai barbier marqua un tournant. Le coiffeur ne posant aucune question sur les rumeurs de ma transidentité, mon appréhension tomba et je me détendis dans son fauteuil. Il se contenta de couper mes cheveux et de tailler ma barbe. À la sortie, je me sentais bien, comme je ne l'avais jamais été auparavant.

Un parcours de transition n'est pas linéaire et s'apparente plutôt à des montagnes russes, avec ses hauts et ses bas. Ces instants de clarté comme ceux que je venais de vivre me permettaient d'avancer, me rappelant que même dans les moments sombres, la lumière était toujours présente.

Les premiers temps, intégrer tous ces changements n'était pas aisé. En solitaire, face à moi-même, tout paraissait simple, mais une fois à l'extérieur, les choses étaient différentes. Je savais que ces métamorphoses allaient susciter des regards, des remarques, des réactions indirectes. Pourtant, je ne pouvais pas en vouloir à ceux qui les formulaient, car d'une certaine manière, ils cheminaient avec moi, à leur rythme.

Ma famille a toujours eu une attitude touchante et bienveillante. Au début de ces évolutions, une gêne me traversait, comme si je me découvrais et me dévoilais devant eux. Je percevais qu'ils notaient les changements, et pourtant, ils agissaient avec moi comme ils l'avaient toujours fait.

En ce qui concerne les connaissances, les clients du bar, et d'autres fréquentations, les choses étaient moins subtiles. Je comprenais que leurs commentaires n'étaient pas mal intentionnés, mais se voulaient être une forme d'encouragement, de soutien, une manière à eux d'exprimer leur attention. Chaque fois que quelqu'un me trouvait changé, je cherchais à détourner la conversation. Cela me mettait mal à l'aise, j'avais le sentiment d'être une bête de foire.

Avec Émilie c'était encore différent. Ensemble, nous célébrions ces évolutions. Nous étions tous les deux en parfaite harmonie.

* * *

Au cours de la première année de ma transition, je dus faire face à une difficulté inattendue. Alors que la plupart des personnes transgenres optaient pour un changement de prénom, le mien, « Jeanne », avait une signification profonde à mes yeux. Je l'avais hérité de mon arrière-grand-mère. Bien que je n'aie jamais connu cette femme, ce prénom était comme un lien qui nous aurait unis, ce à quoi il fallait ajouter qu'il avait été choisi par ma mère ce qui le rendait particulièrement précieux à mes yeux.

Toutefois, à mesure que ma transition physique progressait, son genre féminin créait de la confusion avec l'extérieur. Il existait désormais un décalage entre mon identité et la manière dont les autres me percevaient. Les situations administratives se compliquaient également. Ainsi, lors d'une tentative de retrait d'argent à la banque, le simple fait de décliner mon prénom provoqua à la fois gêne et incompréhension. L'employé au guichet, incapable d'associer ce prénom à une identité masculine, refusa le retrait. L'obligation de révéler ma vie privée à des inconnus me mettait en colère.

Ces incidents, récurrents et injustes, généraient stress et angoisse. Mon dilemme résidait dans le fait que, bien que profondément attaché à mon prénom, je n'avais pas la force nécessaire pour supporter ces tracasseries en même temps que je poursuivais ma transition.

Lors d'un repas familial, je partageai mes inquiétudes avec ma mère, à la recherche d'une solution. L'idée de faire précéder mon prénom féminin par un autre, masculin, émergea, une proposition pragmatique pour simplifier les interactions sociales tout en préservant mon identité. Malgré ma certitude que les prénoms n'avaient pas de genre, je savais qu'il était difficile de faire adhérer les autres à cette conviction.

C'est alors qu'une envie me vint, demander à la femme qui m'avait porté pendant neuf mois de choisir un prénom masculin pour moi. Cette démarche était logique à mes yeux. C'était ma façon de permettre à ma mère de jouer un rôle essentiel dans ma transition. Cette demande alluma une lueur de joie dans ses yeux.

C'est ainsi qu'elle choisit le prénom « Edward ».

Il synthétisait harmonieusement mon histoire, ma quête d'authenticité et le lien précieux que j'entretenais avec ma mère. Recevoir une nouvelle carte d'identité portant le prénom « Edward-Jeanne » me bouleversa. Je me demandai si ce petit changement allait réellement me faciliter la vie, et ce fut le cas. À partir de ce moment-là, même si la mention de sexe féminin était toujours indiquée sur mes papiers d'identité, plus personne ne me posa de problème au quotidien. Les interactions redevinrent fluides, ce qui me libéra d'un poids.

L'annonce de mon nouveau prénom aux membres de ma famille reçut un accueil mitigé, non parce qu'ils le rejetaient, mais plutôt par crainte de ne pas pouvoir se faire à son emploi. Je pouvais voir dans leurs regards qu'ils en comprenaient parfaitement la raison, mais en même temps, durant vingt-trois années c'est avec celui de « Jeanne » qu'ils s'étaient adressés à moi. Il y eut quelques ratés au début. Ils se sentaient gênés et se reprenaient tout de suite : « Excuse-moi, Edward, c'est vrai, mais c'est compliqué pour nous. » Je leur répondais que je comprenais totalement et que ce n'était pas simple pour moi non plus. Surtout, je les rassurais en leur affirmant que ce n'était pas grave et que je ne leur en voulais pas. Finalement, si mon prénom était Edward-Jeanne, ce n'était pas anodin, Jeanne était toujours présente et faisait partie de moi, et cela me convenait très bien.

Je fis donc preuve de patience et de bienveillance avec mon entourage, laissant à chacun le temps de s'habituer. Et j'eus besoin de temps aussi. Au début, quand on m'appelait Edward, je n'avais pas forcément le réflexe de me retourner. Cela ne se fit pas du jour au lendemain. Quand une habitude est ancrée dans notre subconscient, c'est grâce à la répétition qu'elle peut se changer en une autre, et la répétition demande de l'action et prend du temps. Après sept années de transition, les choses ont considérablement évolué. Ma famille utilise les deux prénoms sans difficulté. Parfois, ils m'appellent Edward, d'autres fois Jeanne, et cela me convient parfaitement. Ce sont deux prénoms qui n'en composent qu'un, et ils font tous les deux partie de moi.

Concernant les pronoms, je remarquais que lorsqu'ils utilisaient le prénom Jeanne c'était « elle » qui était employée. Pour « Edward », c'était le « il ». Cela me faisait sourire, car même lorsqu'ils utilisaient le « elle », ils se rendaient compte que ce n'était pas aligné avec moi et se reprenaient immédiatement. Je trouvais cela touchant. Je décidai de renoncer à les reprendre, car ils faisaient de leur mieux, et surtout, ce n'était pas l'essentiel. Le plus important dans tout cela, était qu'ils m'acceptent tel que j'étais et me considèrent pour qui j'étais.

Pour être honnête, il m'arrive encore, après sept années de transition, de me mégenrer moi-même. Alors sincèrement, qui suis-je pour en vouloir à ma famille si eux aussi se trompent, alors qu'ils ne portent pas en eux de transidentité ?

Pour mes amis, cela fut plus simple, peut-être car je ne les connaissais pas depuis aussi longtemps. Ils s'adaptèrent instantanément, et l'utilisation de surnoms au quotidien, qui n'avaient pas de genre, aida certainement. En tout cas, ils n'eurent aucun mal à utiliser le prénom Edward. Pour Émilie, ce fut la même chose. Tout se fit instantanément. Le fait que mon entourage, avec qui je passais beaucoup de temps, utilisât ce prénom sans difficulté m'aida énormément dans cette transition de prénom. Peu à peu, je me l'appropriais.

Beaucoup de personnes transgenres décident de changer de prénom et de supprimer l'ancien, car il symbolise les douleurs de leur vie d'avant. D'autres le conservent, car elles sont en paix avec celui-ci, et peut-être parce qu'elles ont la chance d'avoir un prénom épicène, d'autres se fabriquent un prénom composé.

La vérité est qu'il n'y a pas de bonne ou de mauvaise solution. Elles sont toutes valables. Le plus important est de faire ce choix en fonction de ses propres besoins et envies.

Si jamais tu rencontres une personne transgenre, que tu apprends sa transidentité par un tiers ou qu'elle décide de te la dévoiler, et que la curiosité de connaître son ancien prénom te prend, je t'invite à ne pas poser la question. Tu ignores ce que ce prénom représente pour elle, s'il ne fait plus partie de son prénom actuel, ce n'est pas sans raison. Si elle souhaite te le dévoiler, elle le fera d'elle-même. Peut-être qu'elle a décidé de clore ce chapitre de sa vie et de ne plus en entendre parler. Ainsi, si tu poses cette question, tu viens forcer l'ouverture de ce passage et risques de réveiller des souffrances. Si cela doit se faire, cela se fera, sinon c'est que cela ne devait pas se produire.

* * *

Après plusieurs mois de traitement hormonal, je commençais enfin à percevoir les changements qui s'opéraient en moi. Il n'était pas aisé de m'en rendre compte au quotidien face à mon reflet dans le miroir, ainsi les photos étaient devenues mes alliées pour prendre conscience de la progression, surtout dans les moments difficiles.

Avant d'accepter pleinement ma transidentité, je menais une guerre contre mon corps. Avec le début de ma transition, cette lutte prit une tout autre dimension. Ce n'était plus véritablement un combat, car je savais que ce corps que je détestais tant était pourtant le mien, et que dans les années à venir, je ressentirais enfin de la tendresse pour lui. Cette dualité entre haine et amour provoquait en moi d'importantes crises de dysphorie.

Elles surgissaient de manière inattendue. Je pouvais me réveiller un matin et ressentir ce conflit intérieur, j'avais cette projection claire de qui j'étais, de ce que je désirais de tout mon être, et malgré tout je ressentais une perception opposée à ce que me soufflait ma lucidité. Je connaissais la raison de ces maux, tout était clair, et j'affrontais ces périodes qui faisaient partie intégrante de mon cheminement. C'était comme si une partie de moi voulait se détruire en se faisant du mal, pensant qu'il n'y avait plus d'autre issue, que la montagne était impossible à gravir tandis qu'une autre, lumineuse et en paix, m'encourageait et me forçait à avancer.

Je subissais les premières crises de dysphorie, allongé dans mon lit, refusant d'ouvrir les yeux, espérant que cela passerait le plus rapidement possible. J'évitais de croiser mon reflet dans le miroir, car celui-ci avait le pouvoir de m'abattre. J'enfilais des vêtements amples pour ne voir aucune partie de mon corps. Le moindre geste quotidien, comme prendre une douche, redevenait un enfer. Petit à petit, tout en vivant ces moments, je cherchais des solutions, convaincu qu'il en existait. J'avais conscience que ces crises faisaient partie de mon processus, et que j'allais encore en vivre dans le futur. Je décidai de me focaliser sur cette seconde partie de moi, celle qui me menait dans la bonne direction.

Ainsi, quand elles déferlaient en moi, je prenais mon sac de sport, je poussais la porte de la salle, et je m'adonnais à un entraînement. Je me rappelais qu'à chaque répétition supplémentaire, je me rapprochais de la destination. De même pour ma manière de m'alimenter, je privilégiais des aliments sains. Je me concentrais sur le futur, sachant que chaque action entreprise aurait des répercussions positives pour la suite. Cette technique fonctionnait. Elle n'arrêtait pas les crises de dysphorie, mais elle me permettait de reprendre le contrôle et ainsi de les canaliser.

Je ne cherchais plus à me battre contre elles, je les acceptais. Je les laissais s'exprimer et les calmais à travers des actions qui me procuraient du bien-être. Je me répétais que cela était temporaire. Il était hors de question que je me détruise, que je détruise mon corps, car je l'habiterai toujours.

Cela avait aussi un impact sur mes interactions sociales. Lors de ces moments difficiles, même si je parvenais à les endiguer quelques fois, je me repliais bien souvent sur moi-même. Au bar, pendant le service, lorsque l'ambiance entre mes collègues était à la légèreté, je pouvais être totalement silencieux, enfermé en moi, absorbé par ce que je traversais, attendant simplement de regagner la solitude de mon appartement.

Je n'en parlais à personne, ni à mes proches ni à ma famille, car je trouvais ces traversées trop compliquées à traduire par des mots. Émilie en avait conscience puisqu'elle y assistait aux premières loges, et j'étais honnête avec elle. Elle ne manquait pas de me rassurer en me disant que tout cela serait bientôt derrière moi. Malheureusement, la douleur que je ressentais m'incitait à la repousser, adoptant une attitude détachée vis-à-vis d'elle comme si elle ne pouvait pas comprendre ce qui se passait en moi, je ne lui laissais aucune place à mes côtés dans ces moments.

Sur l'instant, je ne m'en rendais pas vraiment compte, j'étais totalement aveuglé et piloté par ces crises. Même si ma transition de genre avait commencé d'un point de vue médical et social, dans ces moments de dysphorie, j'oubliais cette réalité. Je ne voyais alors que le fait d'être toujours en inadéquation avec mon corps, rongé par la douleur d'être né ainsi.

Encore une fois, cette dualité se manifestait en moi. D'un côté, je ressentais la joie d'avoir enfin trouvé ma vérité, d'en être fier et de l'autre, un profond sentiment d'injustice, considérant la situation comme une conséquence de mon infériorité aux autres. Cela me faisait craindre de ne jamais me sentir légitime en tant qu'être humain, en tant qu'homme.

Au fil des années, j'appris à cohabiter avec la dysphorie. À l'aube de ma transition, elle était comme une tornade émotionnelle, une tempête furieuse qui menaçait de tout emporter sur son passage. Aujourd'hui, elle est devenue une présence familière, une part indissociable de ma vie.

C'est comme si l'âme et le corps dansaient sur des fréquences discordantes.

Imagine-toi au cœur d'une tempête intérieure, un flot de sentiments contradictoires qui ravage chaque parcelle de ton être. Tu te tiens sur un navire, scrutant l'horizon, et une vague gigantesque s'élève, menaçant de te submerger. Les tornades émotionnelles surgissent sans prévenir, ébranlant la quiétude de notre existence.

Imagine-toi, submergé par des pensées qui te torturent et te déchirent, qui te renvoient l'image d'un corps qui ne te correspond pas. Tu es là, au milieu de cette tourmente, pris entre deux mondes, deux réalités qui se confrontent violemment. C'est comme naviguer en pleine tempête, agité en tous sens par des vagues furieuses. Tu te demandes si le bateau tiendra bon, si tu parviendras à atteindre des eaux plus calmes.

La dysphorie ne connaît pas de tempo régulier, elle suit son propre rythme, erratique, oppressant. Il m'a fallu du temps pour apprivoiser ces tempêtes, pour les comprendre. Un peu comme si j'apprenais à dompter un animal sauvage qui vivait en moi. C'est un voyage complexe, où chaque crise est une épreuve, mais aussi une chance de grandir. En effet, à chaque déferlement émotionnel, une autre partie de toi, lumineuse et pleine d'espoir, s'élève, t'encourageant à affronter l'obscurité.

Bien que les crises aient perdu en intensité au fil du temps, elles persistent, émergeant parfois tel un écho du passé. Des vagues qui, bien que calmées, laissent encore sentir leurs remous.

* * *

Ma relation avec Émilie se déroulait sans encombre, notre amour s'épanouissait jour après jour. Cependant, une crainte persistait en moi : l'annonce de notre relation à sa famille. J'avais été habitué aux réactions négatives qui avaient suivi ces déclarations, mais cette fois-ci le sujet était d'autant plus complexe puisqu'il ne s'agissait pas de leur dire qu'Émilie était avec une femme, mais avec un homme transgenre.

Lorsque les parents d'Émilie vinrent au bar pour partager un verre avec leur fille, je me présentai, sans révéler notre lien. La rencontre se déroula très bien. Puis ils apprirent la vraie nature de notre relation et tout se compliqua. Les parents d'Émilie ne toléraient pas cette relation, elle dépassait complètement leur entendement.

L'amour sincère que je ressentais pour leur fille se heurtait au rejet de sa famille. C'était d'autant plus difficile qu'Émilie était profondément attachée à eux. Les sourires radieux de sa mère et la poignée de main partagée avec son père lors de notre rencontre au bar, avant qu'ils n'apprennent la nature du lien qui nous unissait, me revenaient en mémoire et me laissaient perplexe quant à leur réaction.

Émilie, brisée, ne reculait pourtant pas. Elle me défendait sans relâche, expliquant que c'était sa vie et qu'elle était amoureuse de moi. Elle était majeure et indépendante, sa famille ne pouvait donc pas s'opposer directement à notre relation, mais notre histoire était immanquablement le centre de leurs conversations lorsqu'elle leur rendait visite.

Je me mettais à sa place et je comprenais l'ampleur de son déchirement. Devoir affronter sa famille pour lui faire accepter l'homme dont elle était amoureuse devait constituer une lutte perpétuelle.

Étrangement, je ne leur en voulais pas. La transidentité, sujet méconnu, pouvait susciter la peur. Ses parents tentaient de protéger Émilie de ce qu'ils pensaient être un danger pour elle.

Je finis par accepter que sa famille n'accueille jamais notre relation avec un esprit d'ouverture. Ce qui me faisait le plus souffrir était bien entendu la douleur que ce rejet infligeait à Émilie. Nous continuâmes à former un couple, conscients que ce poids intérieur ne la quitterait jamais tout à fait.

Ce qui m'a aidé à surmonter ces moments de rejet, c'est le fait de m'être enfin trouvé, et de prendre conscience que c'est avec moi que j'allais passer le reste de ma vie et non pas avec ceux qui me repoussaient. Le bonheur, contrairement à ce que beaucoup pensent, ne vient pas de l'extérieur, il vient de soi. Quand tu te trouves en tant que personne transgenre, ou cisgenre, tu possèdes enfin la clé de ton apaisement.

* * *

Quand je me suis lancé dans la musculation, je prenais de nombreuses photos de moi afin de me rendre compte de mon évolution physique, car, dans le miroir, je ne constatais aucun changement significatif. Mes pensées étaient constamment négatives et je me dévalorisais. Toutefois, quand je voyais, en scrutant une de mes images qu'il y avait bel et bien certains résultats, j'étais alors pleinement heureux et je la postais sur les réseaux sociaux. Cette habitude perdura après le début de ma transition.

C'était comme si je me détestais tellement que j'avais le besoin compulsif de recevoir une approbation du monde extérieur, cherchant l'adhésion d'autrui pour me rassurer et calmer mes angoisses. Le paradoxe est que ces retours ne m'apportaient rien. Je ressentais constamment ce besoin de plaire, d'être validé, un mécanisme que j'avais développé en incarnant ce personnage de lesbienne très masculine qui prétendait être bien dans sa peau. Comprendre l'origine de ce comportement exigea beaucoup de temps et un long travail d'introspection.

En réalité, je n'éprouvais pas un amour authentique pour moi-même. Mon estime personnelle était au plus bas, et chercher l'assentiment de l'autre était la seule manière que j'avais trouvée pour gagner un peu confiance en moi. Émilie ne comprenait pas pourquoi j'agissais ainsi, même si elle essayait, avec douceur, de saisir les mécanismes de mes actions. Mes réponses étaient souvent la négation du problème, laissant entendre qu'il n'y avait rien de problématique dans mes manières d'agir et que c'était elle qui exagérait. Je refusais de me remettre en question à ce propos.

Toutefois, dans le silence, j'essayais de mettre un terme à ces comportements, conscient qu'ils n'étaient pas sains. Je connaissais des périodes calmes, d'apaisement, mais aussi d'autres où je me sentais profondément vulnérable et mal dans ma peau. C'était dans le second cas que ces habitudes refaisaient surface.

En réalité, mon âme, même à cette époque, me murmurait la vérité. Je la connaissais, mais je refusais de l'affronter. C'était un moyen de maintenir un certain contrôle, un mécanisme de fuite indirect. Je crus longtemps que la résolution de mon mal-être, de mon manque d'estime personnelle et de mon absence d'assurance résidait dans la découverte de ma transidentité. Rapidement, je compris que ce n'était pas le cas. Ma transidentité était seulement le chemin à parcourir pour trouver la guérison à tous ces maux, pas la clé. Lorsque j'entamai mon parcours de transition et que l'hormonothérapie commença à produire des effets visibles, je constatai que certains problèmes persistaient.

La source de mes tourments résidait dans la quasi-inexistence d'amour-propre. Les vingt-trois années passées à me dénigrer, à traverser ces souffrances, avaient laissé des blessures à vif que je devais désormais prendre le temps de soigner. Cette première année de transition me révéla que le véritable parcours devait prendre place à l'intérieur de moi. Sans savoir exactement comment m'y prendre, j'avais la certitude que c'était la voie à suivre pour être en paix avec moi-même, car la transition médicale et sociale ne suffirait pas à me permettre d'y accéder.

Je comprenais que j'avais placé des attentes démesurées dans la transition, comme si elle détenait le pouvoir entier de ma guérison. La vérité, cependant, est qu'elle constituait seulement une pièce du puzzle, mais qu'elle n'en était pas la seule résolution. Elle ouvrait la porte, mais il fallait à présent accéder à toutes les autres pièces et il m'incombait d'y apporter de la lumière.

9

Traitement hormonal et mammectomie

Pendant ma première année de traitement hormonal, je consultais mon endocrinologue tous les trois mois. Ces consultations incluaient un bilan sanguin dans le but de surveiller mon taux de testostérone. L'objectif de ce suivi était de trouver le dosage optimal pour moi.

Mon traitement commença par une injection toutes les quatre semaines au cours du premier trimestre. Pendant cette période, les changements physiques furent minimes, mais les effets internes significatifs. Je dus m'habituer à cette hormone qui avait de réelles répercussions sur mon humeur. Bien que le corps féminin contienne également de la testostérone, le taux dans mon corps était alors beaucoup plus élevé.

Dès les premières injections, je constatai le changement, j'étais plus impulsif et agressif. C'était comme si une boule de feu sur le point d'exploser à tout moment grandissait en moi. Cela pouvait déclencher des réactions disproportionnées.

La première fois que cela se produisit, je compris immédiatement que ce n'était pas normal. Petit à petit, j'appris à indiquer à mon esprit que ces réactions étaient liées au traitement hormonal, ce qui m'aidait à gérer ces émotions hors normes.

J'étais aussi sujet à des insomnies chroniques. Lors de ces trois premiers mois, trouver le sommeil était devenu un défi, et l'énervement que la fatigue engendrait provoquait une hyperactivité.

Lors de mon deuxième rendez-vous avec l'endocrinologue, je me dévêtis pour qu'il puisse m'ausculter. Il était étonné de constater à quel point l'hormone agissait rapidement sur moi. En seulement trois mois, ma pilosité aux jambes et au ventre était devenue très fournie, et ma barbe commençait de plus en plus à se dessiner. Il ajouta qu'en vingt ans il n'avait jamais constaté de résultats si rapides puis il prononça cette phrase : « C'est incroyable, de toute façon, cela était écrit. Vous avez toujours été un homme. »

Je lui expliquai ensuite les symptômes constatés, et après l'analyse de mon bilan sanguin, il ajusta la fréquence des injections de toutes les quatre semaines à toutes les trois semaines. Je me rassurai en comprenant que l'hormonothérapie agissait de manière différente chez chaque individu. C'est pourquoi il était crucial de trouver progressivement le dosage adapté à chacun, un processus qui était amené à évoluer au fil du temps.

* * *

C'est également lors de ce rendez-vous que j'abordai la question de l'opération de la poitrine, la mammectomie, que j'attendais avec la plus grande impatience.

L'endocrinologue recommanda de laisser la testostérone agir pendant une année pour optimiser les résultats de l'opération. Bien que sa réponse fût difficile à accepter, je décidai de lui faire confiance. Je repartis avec la détermination d'avancer vers la prochaine étape : trouver un chirurgien pour l'opération.

J'avais toujours détesté ma poitrine, bien qu'elle demeurât invisible pour les autres grâce aux bandages. Cette technique ne pouvait être une solution sur le long terme, elle comprimait ma respiration et provoquait sous mes bras des irritations qui mettaient ma peau à vif. Cette contrainte avait eu des répercussions sur mes relations, y compris sur celle que je vivais avec Émilie. Me dévoiler était pour moi un véritable supplice.

Au cœur de notre intimité, l'ombre persistante de ma dysphorie se profilait comme un nuage obscurcissant le ciel de nos moments de tendresse. Être un homme transgenre dans ces instants me contraignait à une danse hésitante entre le désir profondément ancré et l'incessant rappel d'une disharmonie corporelle. Ma poitrine était soudain un protagoniste en trop, indésirable. Comme une partition mal écrite, chaque contact, chaque regard sur elle détournait mon esprit de l'harmonie espérée. C'est comme si ces instants étaient jalonnés de notes dissonantes, me rappelant brutalement que je n'étais pas en symbiose parfaite avec mon corps. La dissociation se déployait comme un voile entre Émilie et moi. Dans cette intimité, je rêvais de m'évader de cette enveloppe qui ne correspondait pas à ma vérité. C'était un combat entre le désir ardent de me connecter pleinement à elle et le tiraillement de cet inconfort persistant qui m'en éloignait.

Émilie, compréhensive et aimante, agissait comme une lueur dans cet espace obscur. Elle ne portait aucune attention à cette partie de mon corps. Cela ne suffisait malheureusement pas à faire taire l'écho persistant de ma dysphorie. Avec espoir, j'entrepris des démarches pour trouver un chirurgien capable de me libérer du fardeau de ma poitrine. Mes premières prospections me conduisirent vers deux noms réputés dans le domaine chirurgical. Mais, l'enthousiasme initial fut rapidement tempéré par la réalité financière. Comme je m'inscrivais dans un parcours de transition médicale privé, le dépassement d'honoraires de 3 000 euros des chirurgiens restait à ma charge sans compter les frais de déplacement. Il devint évident que cette voie n'était financièrement pas praticable pour moi.

La déception m'envahit ; j'étais conscient que mon désir d'obtenir un résultat optimal se heurtait à des barrières financières infranchissables. Mis face à cette réalité, je pris la décision pragmatique de chercher un praticien dans ma région et avec qui je pris un rendez-vous pour la semaine suivante.

Cela me laissait entrevoir la perspective d'une libération imminente, un pas de plus vers ma propre liberté. Les pensées positives circulaient dans mon esprit, dessinant un horizon où la délivrance était enfin à portée de main.

Les journées précédant mon rendez-vous, je n'étais que joie. Le jour dit, empli d'une excitation palpable, je me dirigeai vers le cabinet du chirurgien, accompagné d'Émilie. Lorsque nous pénétrâmes dans le cabinet, le médecin, un homme d'une quarantaine d'années, chaleureux et bienveillant, nous accueillit. Après avoir exposé ma situation et exprimé le désir de me débarrasser de mes seins, il nous révéla qu'il n'avait pratiqué cette opération qu'une seule fois par le passé. Cette déclaration éveilla en moi une vague inquiétude, mais je restai absolument concentré sur la certitude qu'il détenait le pouvoir de me libérer de mon fardeau.

Il m'informa alors des différentes techniques chirurgicales possibles. On pouvait essentiellement envisager deux façons de procéder, soit la technique de la péri-aréolaire, semi ou complète, qui impliquait une incision sous le téton pour extraire les glandes, ou une incision tout autour de l'aréole pour une extraction des glandes mammaires, accompagnées d'un ajustement de la taille de l'aréole et d'une fermeture tout autour, minimisant ainsi les cicatrices apparentes. La deuxième option consistait en une double incision, caractérisée par deux ouvertures le long du torse pour extraire les glandes mammaires, avec retrait de l'excédent de peau et par conséquent un repositionnement des tétons sur le torse.

Les risques, tels que la nécrose en cas de non-reprise du greffon du téton, me furent également exposés. Le choix de la technique dépendait surtout de la taille de la poitrine et de l'élasticité de la peau, la péri-aréolaire étant envisagée pour les plus petits bonnets et la double incision pour les bonnets moyens ou gros.

Préalablement informé des deux interventions possibles, mon souhait fut d'opter pour la péri-aréolaire, afin d'éviter toute cicatrice visible sur mon torse. Cependant, je savais que seule l'expertise du chirurgien déterminerait la faisabilité de cette préférence. Des appréhensions naquirent concernant d'éventuelles séquelles que des bandages inappropriés avaient pu infliger à ma poitrine, relativement petite au demeurant, depuis plus de dix ans.

Le chirurgien me demanda de m'approcher pour évaluer mes seins de manière plus approfondie, prenant des photos pour se tourner vers la décision la plus adéquate. Ce moment où je me retrouvai torse nu devant lui me mit éminemment mal à l'aise, mais c'était inévitable dans le processus décisionnel.

À la fin de son examen, il exprima son hésitation, soulignant que les deux techniques étaient envisageables compte tenu de la taille de ma poitrine. Mais, il craignait que ma peau, ayant été maltraitée par les bandages, ne retrouve pas toute son élasticité, compromettant le résultat escompté.

L'espoir jaillit en moi en apprenant que les deux options restaient sur la table, écartant ainsi la perspective de cicatrices apparentes. Toutefois, les préoccupations du professionnel me firent légèrement douter quant à la meilleure décision à prendre.

Il souligna que la double incision garantirait un résultat plat immédiat, au risque toutefois de perdre mes tétons, et même si cela était très rare, le risque n'était pas à négliger. Choisir la péri-aréolaire signifiait la possibilité d'un rendu initial différent de mes attentes, avec une période d'attente pour que la peau retrouve sa place et se retende. Sans trop réfléchir, je choisis de prendre le risque de subir une péri-aréolaire, privilégiant l'absence de cicatrices et écartant le danger de perdre mes tétons.

Le chirurgien annonça qu'une date était libre dans quelques mois, ce qui me combla de joie. J'acceptai avec gratitude cette opportunité.

Lors de la finalisation des démarches administratives, à l'accueil, en vue de l'opération future, la secrétaire expliqua la nécessité d'un acompte pour réserver la date. Me voyant pris au dépourvu et embarassé, Émilie n'hésita pas à m'avancer l'argent. À la sortie de ce rendez-vous, mon cœur débordait de joie. Enfin, je pouvais me projeter dans ce jour qui serait celui de ma libération, la renaissance attendue, celle qui donnerait davantage vie à ma véritable identité. Je réalisais la chance inestimable d'avoir Émilie à mes côtés. Depuis le début de mon parcours de transition, elle me soutenait inlassablement tenant ma main à chacun de mes pas.

Les semaines qui suivirent, je ne fus plus habité que par une unique pensée : mon opération.

L'annonce de cette nouvelle à ma famille provoqua des émotions contradictoires, crainte et bonheur mêlés. Je pris le temps de rassurer ma mère et ma grand-mère, expliquant en détail en quoi consistait cette opération. Mon exaltation débordante, exprimée avec tant de sincérité, les toucha en plein cœur. Malgré leurs appréhensions, je savais qu'elles avaient confiance en moi. Elles comprenaient que ce choix était motivé par mon désir d'exister et d'être véritablement heureux, et cela renforça encore plus le lien déjà si fort qui nous unissait.

* * *

Il arrive parfois que je me mette à la place de parents dont les enfants ne se sentent pas en phase avec leur corps, je comprends alors les craintes qui les assaillent si l'un d'entre eux leur annonce vouloir entreprendre une transition. Dans le cadre de mon métier de coach humaniste, j'ai accompagné de nombreux parents dans cette situation qui me disaient des phrases telles que « J'ai la sensation de perdre mon enfant », « Je dois faire le deuil de mon enfant ». Pour les comprendre, il est nécessaire de se mettre dans la peau d'une mère qui porte son enfant pendant neuf mois, s'apprête à accueillir dans sa vie une petite fille ou un petit garçon, et qui a la certitude qu'il en sera ainsi pour toujours. Puis chacun les élève en composant avec sa propre éducation. Un jour, celui ou celle qu'ils ont vu grandir, traverser l'enfance, l'adolescence, se préparant à devenir adulte, ou peut-être déjà adulte, leur annonce que l'identité de genre qu'ils pensaient être la sienne ne l'est pas. Le choc peut être terrible.

Souvent ils accueillent cette nouvelle avec tout l'amour dont ils sont capables, agissant comme des parents qui, malgré leurs difficultés à l'accepter, gardent le silence pour ne pas rajouter un écueil supplémentaire dans la quête identitaire de leurs enfants.

Toutefois, derrière le parent se cache avant tout un être humain. La vérité est qu'ils ont peur de perdre tout ce qu'ils ont vécu avec leur enfant, tout ce qu'ils ont ressenti pour lui. Ils estiment que cela pourrait disparaître à tout jamais.

En réalité, cette peur réclame du réconfort. L'enfant en question n'est pas perdu, il n'est pas mort, bien au contraire. Il est plus vivant que jamais. L'enfant a besoin de l'amour et du soutien de ses proches pour avancer sereinement dans sa vie, et la réciproque est vraie. En tant que personne transgenre, je considère qu'il est de notre devoir de faire comprendre à nos familles qu'il n'y a pas de deuil à faire.

Naître transgenre n'est pas une erreur, bien au contraire. J'ai longtemps répété cette phrase, avant et au début de mon parcours de transition : « Je ne suis pas né dans le bon corps. » Pourtant, cette affirmation est erronée. Je suis né dans le corps que je devais avoir, il a constitué une étape cruciale dans la découverte de qui j'étais.

Les parents concernés n'ont pas à se culpabiliser. Certes, l'enfant changera s'il choisit de faire une transition d'un point de vue médical, l'image que les parents avaient de lui évoluera dans une direction inconnue. Toutefois cette image se dévoilera progressivement, et le parent assistera peu à peu à cette renaissance. La transition médicale suit son cours avec douceur.

En regardant son enfant dans les yeux, même après une transition, le parent y trouvera toujours le même regard.

* * *

J'avais vingt-trois ans, un an s'était écoulé depuis l'ouverture de mon bar. La première année avait été couronnée d'un grand succès, mais peu à peu, l'enthousiasme pour le lieu s'était essoufflé. Nous avions traversé une période difficile où nous nous demandions comment payer nos factures et les salaires des employés. Mon associé de l'époque avait décidé de partir travailler en semaine avec son frère, et venait m'aider les week-ends. C'était une période compliquée, car je n'avais pas réellement envie d'être là. Mon ami semblait ne plus y croire, et je ne me sentais pas de taille à gérer seul le lieu en plus de ce que je traversais déjà dans ma vie privée.

Pendant un certain temps, je décidai de travailler en usine en parallèle. Les jours s'écoulaient, mais la situation ne s'améliorait pas. Après une discussion avec mon ami, nous décidâmes de mettre le bar en vente pour nous libérer de cette pression. Après cette annonce et en attendant que la vente aboutisse, il m'était difficile de continuer d'y travailler. Je vivais cela comme un échec, et je me sentais coupable, comme si nous avions baissé les bras.

Par ailleurs, Émilie m'avait annoncé qu'elle devait partir à Paris pour reprendre ses études. Cela me permit d'y voir plus clair. Je l'informai en retour que j'allais tout arrêter et partir avec elle. Moi qui avais toujours dit que je tenterais l'aventure parisienne un jour, c'était le moment et il était hors de question d'être loin d'elle, c'était inconcevable pour moi.

Impulsivement, je donnai donc le préavis de mon appartement, vendis ma voiture, mes meubles, tout ce que j'avais, pour repartir de zéro à Paris. Les parents d'Émilie se portèrent garants de notre appartement futur, sachant que nous allions vivre ensemble. Malgré leurs réserves quant à notre relation, ils acceptèrent que cela se déroulât ainsi.

À partir de ce moment, de nombreuses choses changèrent. À mon arrivée à Paris, je pensais avoir fait le bon choix, car être avec Émilie était tout ce qui m'importait. Cependant, dès les premiers instants passés dans cette ville, je me sentis mal à l'aise. Je n'aimais pas la foule, je n'avais jamais aimé cela. Je me sentais vidé de mon énergie en permanence, ce qui avait des répercussions sur mon corps et mon comportement.

La joie que j'éprouvais par anticipation en vue de mon opération n'était plus d'actualité et l'impatience reprenait le dessus. Mes crises de dysphorie ressurgissaient. Je voyais bien que mon attitude, de plus en plus fermée, éloignait Émilie de moi. Je créais un fossé entre nous alors qu'elle avait toujours été souriante, heureuse et pleine d'énergie. Le pire, c'est que, dans certains moments de lucidité, je comprenais que mon comportement avait des conséquences sur notre relation. J'essayais de redresser la barre, mais cela ne suffisait pas et j'assistais au naufrage inévitable de notre couple.

Je ne pouvais pas faire autrement, je n'y arrivais pas. J'étais à nouveau pris au piège de mon corps. Nous n'en parlions pas et les moments heureux se raréfiaient.

Lorsque j'étais habillé, la bande de compression qui recouvrait ma poitrine me donnait l'impression d'être en sécurité. Mais une fois dévêtu, je ne me sentais plus protégé, j'avais la sensation de perdre tout contrôle. Le seul outil dont je disposais pour tenter d'améliorer la situation était la communication, mais il semblait m'avoir été retiré. Je ne parvenais pas à en parler et me retrouvais seul, en spectateur impuissant de mon désarroi.

Je ne pouvais pas jouer de rôle en la présence d'Émilie, car l'amour que je lui portais m'empêchait de feindre, cela aurait constitué une trahison envers elle et moi-même. Au fil des années, je parvins à tirer des enseignements de cette expérience et je compris l'origine de cette confusion. Malgré ma transition médicale, mon corps n'avait subi aucune opération. Bien que mes muscles aient pris du volume et que mon apparence soit devenue un peu plus masculine, ma poitrine et mes attributs étaient toujours là. J'associais ces parties de mon corps à ma féminité, ce qui continuait d'alimenter le mal-être dont je souffrais depuis plus d'une décennie. Devoir vivre avec ces caractéristiques féminines était un combat que je ne remportais pas toujours.

Au début de mon parcours de transition et même avant celui-ci, je réprimais vigoureusement tout ce qui pouvait être associé à la féminité, le fuyant comme un poison toxique capable de me détruire. Je menais une lutte incessante contre ces attributs, refusant indirectement de laisser la moindre place à cette énergie féminine. Lorsque j'entamai mon parcours, mon objectif était clair : être un homme, comme un homme cisgenre. Ma perception de la masculinité était rigide et je considérais qu'être un homme signifiait être totalement l'opposé d'une femme.

Toutefois, la réalité se révéla être bien différente. Il existe des différences indéniables entre les genres, tant sur le plan physique que neuronal, comme le démontre la science. Au-delà de ces aspects, chaque être humain porte en lui une double énergie, féminine et masculine, quelle que soit son identité. À cette période de ma vie, je luttai contre cette énergie féminine qui pourtant faisait partie de moi, cherchant à la repousser, à l'anéantir, car je n'avais pas conscience de cette dualité. J'étais aveuglé par le mal-être que je ressentais.

Ce n'est que plus tard, au fil des années, que j'appris à voir au-delà, à regarder véritablement à l'intérieur de moi. J'affrontai tout cela sans jugement. Aujourd'hui, je sais que la cause de mon mal-être était bien plus profonde. Il existait une fracture en moi. Pour trouver la paix, je dus construire ce pont, qui passait par une guérison intérieure.

Ce processus ne s'accomplit pas en un jour et le chemin n'est pas terminé. C'est une route longue, semée d'embûches. Pourtant, c'était la seule envisageable, et l'entreprendre permit aux deux forces en moi, féminine et masculine, de cohabiter en harmonie.

Même si aujourd'hui je n'ai pas encore passé le cap de la phalloplastie, cela ne m'empêche pas de vivre pleinement et en accord avec ces deux parties de moi. Bien sûr, des crises de dysphorie peuvent encore survenir, mais elles n'ont plus rien à voir avec celles du passé.

Surtout, mon attribut ne m'empêche pas de me sentir pleinement homme, bien au contraire. En effet, tout appareil génital peut coexister avec n'importe quel type d'identité et je comprends tout à fait les hommes transgenres qui ne ressentent pas le besoin de faire cette opération. Ils n'en sont pas moins des hommes à part entière, tout comme pour les femmes transgenres ou les personnes non binaires.

Je sais que je ne serai jamais un homme cisgenre, et surtout, je ne cherche plus à l'être. Je suis un homme transgenre, et je suis tout aussi légitime.

Accepter ma transidentité comme un cadeau plutôt qu'un fardeau a constitué l'une des clés de mon parcours.

Le but de tout être humain n'est-il pas d'être en paix avec soi-même et de vivre une vie alignée ?

Les expériences que tu peux vivre ont pour but de révéler certains aspects de ton être profond. Sur le coup, il arrive qu'on refuse de le voir, mais avec le recul il est possible d'en tirer de précieuses leçons. Ces expériences te permettent d'en apprendre davantage sur toi-même, afin d'éveiller ta conscience et de favoriser ta croissance personnelle. Chaque interaction et chaque moment de vie sont des opportunités d'exploration et d'évolution.

Accepte de te tromper, n'aie pas peur de commettre des erreurs, de ne pas toujours comprendre instantanément pourquoi cela se passe, où pourquoi tu agis de telle manière. Continue d'avancer sans perdre de vue le fait de marcher vers ta propre harmonie.

Lorsque tu seras prêt à considérer les choses avec du recul et si tu identifies une zone d'ombre à l'origine de tes souffrances, cherche en toi les ressources pour y apporter de la lumière. Avance dans cette direction jusqu'à y parvenir. Au plus profond de toi, tu sauras que tu es sur la bonne voie, celle de ton propre bonheur.

* * *

Les mois s'écoulèrent, et la semaine de mon opération arriva enfin. Je pris le train pour retourner dans ma région, chez ma grand-mère, car c'est chez elle que je prévoyais de rester en convalescence. Émilie, en cours toute la semaine, ne pouvait être près de moi. J'embarquai dans le train avec le sentiment de vivre un rêve, en me répétant que dans quelques jours, ma poitrine ne ferait plus partie de moi.

Comme j'arrivais chez ma grand-mère, celle-ci me demanda si je craignais cette opération, première que je subissais. Je lui répondis que non. C'était comme si en moi tout était silencieux, comme si le temps avait été mis sur pause. L'opération en elle-même ne me faisait pas peur, car elle se réalisait sous anesthésie générale. Dans la chambre, chez ma grand-mère, j'avais entreposé toutes les boîtes de compresses et de pansements pour mes futurs soins en piles contre le mur, et je passais de longs moments à les regarder, essayant de réaliser ce qui allait se passer.

À deux jours du grand moment, à l'heure du coucher, je m'installais dans mon lit, et une idée traversa mon esprit : « Et si j'allais chercher sur Internet pour comprendre comment se déroule réellement l'opération ? » Je savais que ce n'était généralement pas une attitude à recommander, mais j'ai toujours eu l'habitude d'aller à contre-courant de ce qu'il est préférable de faire. Je voulais savoir ce qui m'attendait. Je trouvai une vidéo explicative que je regardai avec attention, comprenant que cette opération n'avait rien d'anodin. Cela ne m'inquiéta pas plus que cela. Je posai mon téléphone, mais ne parvins pas à trouver le sommeil. Toutes sortes de pensées traversaient mon esprit. J'allais devoir y faire face seul, sans avoir aucun contrôle sur la situation.

Alors petit à petit, je me préparai visualisant mon arrivée à l'hôpital, mon entrée au bloc comme une célébration, m'entraînant mentalement un peu comme un athlète en vue d'une compétition. Ayant lu des témoignages de personnes affirmant que les suites de l'opération pouvaient être douloureuses, surtout au moment du retrait des drains, j'appréhendais un peu.

Il ne restait plus qu'un jour avant le grand saut. Mon impatience et mon excitation avaient atteint leur paroxysme. Je commençais à comprendre que ma poitrine qui m'avait causé tant de souffrances allait bientôt disparaître. Je regardais cette partie de mon corps sous un jour nouveau.

Cette dernière année avait été très compliquée pour moi. La testostérone avait joué son rôle, pendant les douze derniers mois, mon corps s'était transformé, ma pilosité avait gagné en densité, ma barbe s'était bien dessinée. Cela avait accentué le conflit avec mon image. Cette dualité corporelle me hantait.

Pourtant, à la veille de mon opération, je me tenais face à mon reflet, regardant mon corps, ma poitrine, sans colère, sans haine ni dégoût. Je déposais les armes, cessais de l'attaquer. Je l'observais avec attention, ressentant même de l'amour pour ce corps, une réconciliation inattendue. Ce combat prenait fin, et contre toute attente, je quittais cette partie de moi-même avec gratitude et amour. Une reconnaissance que je n'aurais jamais cru possible d'éprouver auparavant.

Pour la première fois de ma vie, je me dirigeais vers une nouvelle harmonie avec mon corps, goûtant à une paix intérieure qui annonçait la fin de cette période si difficile.

La nuit qui précéda cette journée décisive, le sommeil se refusa à moi, j'étais submergé par la joie et l'excitation.

Au matin, le réveil sonna à 5 heures. Sous la douche, je suivis les recommandations du médecin et me lavai le corps avec de la bétadine, chaque goutte d'eau sur ma peau me rapprochait de ce moment crucial. Cette douche était un adieu symbolique à toutes ces années chaotiques. Je savourais cet instant, comme si j'avais franchi un cap essentiel dans ma vie.

J'attendis sereinement l'arrivée de l'ambulance, ma grand-mère à mes côtés m'offrait des mots de réconfort. Plongé dans mes pensées, je m'abandonnai à l'idée que cette transformation était désormais inéluctable. Je n'avais pas peur.

Parvenu à destination, je contemplais le bâtiment, symbole imminent de ma libération. Enfin, le moment tant attendu était arrivé. Le rituel du déshabillage, le sous-vêtement en papier, la tunique et le baudrier, tout m'apparaissait comme les accessoires d'une cérémonie. Je partageai ce moment avec mes proches par quelques vidéos et photos.

La porte du bloc préopératoire s'ouvrit. Guidé par les infirmiers, je me sentais comme un explorateur pénétrant dans un univers inconnu. Mon chirurgien, architecte de cette métamorphose, me demanda de me découvrir. Il traça les repères sur ma peau et je m'allongeai, le cœur battant.

L'anesthésiste m'accompagna dans le décompte égrené. Ses derniers mots, « bon voyage, Monsieur Cerdan », résonnèrent alors que je m'abandonnai à l'inconnu.

L'intervention s'étendit sur plus d'une heure trente. À mon réveil, comme après une nuit réparatrice, j'ouvris les yeux. Mon regard glissa sur mon torse, enveloppé d'un pansement impressionnant. Une émotion intense me submergea, je sentis la souffrance accumulée sur une décennie s'évaporer comme par enchantement. La liberté, enfin.

L'excitation persista alors que je scrutais l'environnement postopératoire. Une infirmière s'approcha et s'enquit de mon état. Je lui répondis que tout allait bien et que j'avais faim. Elle me signifia qu'il faudrait patienter un peu puis elle quitta la pièce. Le pansement serré autour de mon buste exerçait une pression très forte, créant une sensation d'étau qui restait toutefois largement supportable, sans douleur extrême. Mon attention se porta sur le haut de mon torse, où une tache noire imposante marquait ma peau. Perplexe, je sollicitai la présence du personnel médical. Quand l'infirmière revint dans la chambre, je vis l'expression de son visage changer. Silencieuse, elle appela quelqu'un d'autre, laissant planer le mystère. On m'informa que le chirurgien viendrait me voir dès la fin de son opération. Plongé dans l'attente, l'inquiétude commençait à me ronger.

Il vint enfin. Penché au-dessus de moi, il souleva le pansement et prononça des mots qui me glacèrent : « Il faut retourner au bloc opératoire. » Quand je lui demandai pour quand cela était prévu, sa réponse fut sans appel : « Immédiatement. »

Il expliqua qu'un saignement avait motivé cette décision, nécessitant une réouverture pour l'arrêter. J'étais ainsi reparti pour un second tour au bloc. À mon second réveil, le soulagement était total, tout était rentré dans l'ordre. L'opération s'achevait enfin, ouvrant la voie à la convalescence.

* * *

Je regagnai ma chambre après quelques heures et pus enfin manger. Malgré les mises en garde sur un possible malaise postopératoire, j'étais en pleine forme.

Deux tubes sortaient de chaque côté de mon torse, reliés à des petites bouteilles pour évacuer le sang, les fameux drains qui pouvaient occasionner des douleurs. À présent c'était davantage leur retrait qui m'inquiétait. En souriant, je me levai pour me rendre aux toilettes, traînant ces compagnons temporaires derrière moi.

Debout devant le miroir de la salle de bains, les épaules légèrement voûtées en raison du pansement compressif, je bougeais mes bras avec précaution, sentant une tension. Une euphorie intense m'envahit, un bonheur qui me donnait le sentiment de pouvoir relever tous les défis.

À ma grande joie, Émilie et mes meilleurs amis firent deux heures de route pour me rendre visite. Leurs yeux trahissaient une certaine inquiétude à me voir allongé sur un lit d'hôpital.

Toutefois, cette préoccupation fut vite balayée quand ils constatèrent le soulagement dans lequel je me trouvais. Ils restèrent plusieurs heures et je réalisai la chance d'avoir de telles personnes dans ma vie.

Malgré les tensions entre Émilie et moi, elle semblait heureuse pour moi. Connectés dans cet instant crucial, nous partageâmes ce moment côte à côte, rien ne pouvait entacher la beauté de cette expérience.

Je devais passer une nuit supplémentaire à l'hôpital avant de pouvoir retourner chez ma grand-mère le lendemain. La nuit fut éprouvante. Je ne pouvais dormir que sur le dos, chaque mouvement tirait sur les points de suture. Les drains me causaient des sensations douloureuses de chaque côté.

Bien que l'opération fût terminée, le résultat demeurait un mystère. Le lendemain, le chirurgien vérifia en tirant légèrement sur le pansement compressif, annonçant qu'il faudrait le conserver quatre à cinq jours. Frustré, je devais encore patienter pour enfin découvrir mon torse. Une infirmière entra dans la chambre pour retirer les drains, expliquant que la douleur variait d'une personne à l'autre. J'avais lu de nombreux témoignages et redoutais cette étape, mais la réalité fut moins pénible que ce que j'avais imaginé.

Libéré des tubes, le chirurgien expliqua que je devrais porter un gilet compressif, le boléro, après le retrait du pansement, et ce, pendant au moins quatre semaines. Le même ambulancier qui m'avait conduit à l'hôpital vint me chercher. J'enfilai le gilet du mieux que je le pus, mes bras encore limités dans leurs mouvements, et je pris le chemin de la sortie.

De retour chez ma grand-mère, tout en partageant son repas, je lui relatai mon expérience puis je montai me reposer. Je subissais le contrecoup de l'opération et de ma courte nuit.

Je rencontrais des difficultés à rester allongé. Je sentais mon corps figé et raide. Chaque geste devenait une épreuve. Chaque pas exigeait une attention particulière, comme si le moindre mouvement sollicitait aussi les sutures et les zones sensibles de mon corps. Mon corps se retrouvait contraint de ralentir.

Il fallait que j'élabore des stratégies pour me lever de mon lit. Je ne voulais pas faire monter les escaliers à ma grand-mère. Chaque geste devait être minutieusement réfléchi et calculé. C'était un ballet attentif entre ma volonté de bouger et la nécessité de préserver ma récupération.

Les jours s'écoulaient lentement, et je percevais un léger apaisement des tensions dans mon corps. J'étais impatient de découvrir le résultat et je savais que la révélation était imminente.

Le cinquième jour arriva enfin, et l'infirmière qui devait me retirer le pansement compressif se présenta chez ma grand-mère. Les mouvements précis de ses ciseaux semblaient découper les derniers vestiges de mon ancienne vie. Chaque avancée des lames déclenchait en moi une sensation exaltante comme si j'allais enfin contempler ce que j'avais attendu toute ma vie.

Le pansement compressif fut enfin retiré.

Je restai sans voix.

Ma première pensée en découvrant mon torse fut de me dire qu'il y avait un problème.

Le médecin m'avait averti que le rendu définitif de mon torse mettrait du temps à se révéler. Cependant, malgré cette information, je ressentais un malaise. J'avais l'intuition que quelque chose n'allait pas.

Le côté droit présentait un léger excédent de peau en dessous, ce qui ne m'inquiétait pas plus que cela. En revanche, pour le côté gauche, c'était différent. Malgré, l'opération, l'excédent de peau y était plus important et suggérait la forme d'une petite poitrine. S'ajoutait à cela l'asymétrie des tétons, que le chirurgien n'avait pas déplacés, mais retravaillés de manière différente.

Le jour suivant, je décidai de prendre des photos, capturant des images de face et de profil pour les envoyer au chirurgien afin de lui faire part de mon inquiétude. Je ressentais à nouveau une sensation de dégoût, d'une intensité similaire à celle que j'avais espéré avoir surmontée, grâce à cette opération. Il semblait que ce qui m'avait toujours déplu était revenu, mais cette fois-ci sous une autre forme, encore plus dérangeante.

Je ne comprenais pas pourquoi le médecin avait obtenu deux résultats si différents pour chaque sein. Dans le courriel que je lui adressai, je lui demandais des explications sur cette dissemblance. J'attendais sa réponse avec impatience. J'avais placé tant d'espoirs dans cette intervention, dans le soulagement qu'elle m'apporterait… et tout paraissait me glisser entre les doigts d'une façon tout à fait inattendue. Je regrettais mon choix d'opération. Je me demandais si opter pour l'autre solution aurait pu m'éviter pareille déconvenue.

Toutefois, en cherchant des témoignages chez d'autres personnes transgenres qui avaient obtenu des résultats incroyables avec des poitrines bien plus développées que la mienne, je commençais plutôt à remettre en question le choix précipité de mon chirurgien. Je tentais de me raisonner en me disant que j'avais été contraint de le choisir sur des critères financiers au vu de mes moyens limités.

Je reçus une réponse de mon chirurgien. Il m'expliquait que ce déséquilibre entre les deux seins était normal. Comme j'avais possédé une poitrine pendant plus de dix ans, mon corps en avait gardé la forme. Il souligna que du temps serait nécessaire pour que ma peau puisse se retendre et se mettre en place. Il m'encouragea à faire preuve de patience. J'essayai de me convaincre qu'il avait sûrement raison, mais au fond de moi, je sentais que cela ne se résoudrait pas simplement avec le temps.

Moi qui pensais pouvoir enfin regarder cette partie de mon corps en l'appréciant, je me retrouvais avec un résultat que je trouvais affreux. Le côté gauche de mon torse conservait toujours une apparence de sein, vidé, mais avec suffisamment de résidus pour maintenir l'illusion d'une poitrine. Je ne ressentais que du dégoût en me regardant dans le miroir.

En quête d'une solution, je plaçai tous mes espoirs dans le port du boléro, me disant que cela permettrait de retendre les chairs.

Les jours passèrent, et bien que le résultat fût désormais dissimulé derrière de larges pansements, l'image de mon torse me revenait systématiquement en mémoire.

Il était difficile d'admettre et d'accepter que tout ce dont j'avais toujours rêvé n'était pas encore accessible. Je comprenais que mon rêve de retirer mon t-shirt d'ici quelques semaines et d'être heureux de me dévoiler torse nu devait être enterré.

La vie continuait son cours, ponctuée par les visites régulières de l'infirmière. Progressivement, les fils commençaient à se résorber, dévoilant petit à petit le contour de mes tétons.

Malgré tout, chaque nouvelle révélation de mon torse se transformait en une véritable épreuve. Je ne montrais rien de mes angoisses, je restais impassible, mais, à l'intérieur, une blessure profonde s'était ouverte.

Entendre certaines personnes dire que le résultat était probant venait remuer le couteau dans la plaie. Je n'étais pas dupe, je sentais bien que leurs paroles sonnaient creux. L'apparence de mon torse ne correspondait en rien à celle d'un torse masculin. Peut-être tentaient-elles de me rassurer d'une certaine manière, mais je me rendais bien compte de ce qu'il en était réellement.

Après trois semaines, je parvenais enfin à bouger relativement correctement. Bien sûr, je devais éviter de porter des charges lourdes ou m'abstenir de pratiquer une activité physique, mais je reprenais le contrôle de mon corps, ce qui me permettait d'accomplir plus facilement les tâches quotidiennes.

Ce délai n'avait pas changé grand-chose au résultat. La difformité du côté gauche avait diminué, mais elle était toujours là. Cela effaçait peu à peu le maigre espoir que j'avais placé dans le port du boléro. Je me retrouvais toujours mal à l'aise avec cette partie de moi, mais à présent, une intense déception et frustration venaient s'ajouter à ce sentiment.

Je n'avais pas d'échappatoire pour évacuer ces idées. Le sport, mon refuge habituel, ne m'était pas encore autorisé. Je décidai alors de me saisir d'un carnet, d'un stylo et de noircir les pages de ces émotions qui m'encombraient.

Chaque mot inscrit sur ces feuilles était d'autant plus douloureux, car cela rendait concret ce que je traversais, je ne parvenais pas à retenir mes larmes en écrivant. Plutôt que de la faire taire ou de la repousser, je choisis d'accueillir cette souffrance. Mon cahier devint mon exutoire, un moyen de donner forme à mes pensées tourmentées et de trouver un semblant de soulagement.

Un jour, quelque chose d'extraordinaire se produisit. Alors que j'écrivais sur ce que je ressentais, les larmes suivaient leur course le long de mes joues. Soudain, l'une d'elles s'écrasa sur le papier et atterrit sur le dernier mot de la phrase que je venais d'inscrire : « souffrance ».

Au contact de ma larme, le mot s'effaça progressivement. C'est là que je compris que la souffrance que je portais finirait par s'évaporer et que j'avais le pouvoir d'y parvenir.

Cela me redonna un élan d'espoir, je me dis que ce combat n'était pas encore terminé. L'expérience douloureuse que je vivais serait bientôt derrière moi. Le temps était venu de me rendre à mon rendez-vous postopératoire avec mon chirurgien. J'étais impatient de confronter le professionnel à une réalité qu'il refuserait probablement d'admettre. En entrant dans son bureau, je lui indiquai que ma convalescence s'était bien déroulée, exception faite du résultat de l'opération. Il me demanda de me dévêtir pour évaluer la situation.

Face à mon torse, il ne prononça pas un mot. Pourtant, je pouvais voir qu'il n'était pas satisfait de son propre travail, bien qu'il essayât de dissimuler ses pensées. Il me dit sobrement : « Effectivement, le côté droit se retend parfaitement, c'est très bien. Le côté gauche a plus de mal. » Il poursuivit en expliquant que l'opération était encore trop récente pour se prononcer définitivement, qu'il fallait laisser s'écouler encore du temps.

Je me demandais alors s'il se moquait de moi. La réalité était évidente, sous ses yeux, mais il refusait d'admettre une erreur éventuelle sur le côté gauche. Je lui posai la question : « Et si cela ne se retend pas, quelle serait la suite pour corriger cela ? » Il expliqua qu'il fallait attendre douze mois, peut-être un peu moins, avant de considérer une autre opération pour retirer l'excédent de peau. J'acceptai cette décision, même s'il persistait à laisser planer un suspens inutile. Je savais que je devrais encore subir une opération, mais en attendant, j'allais tenter d'améliorer la situation avec les moyens dont je disposais. Mon plan initial consistait à me concentrer sur le sport.

Il m'annonça également que je n'avais plus besoin de porter mon boléro, ce qui m'emplit de joie. Il me donna aussi le feu vert pour la reprise progressive de l'activité physique.

Pour la première fois, je découvrais la liberté totale du contact du t-shirt à même la peau.

Effectivement, le résultat espéré n'était pas au rendez-vous, c'était indéniable. Mais, je n'avais pas tout perdu. Cette opération m'avait tout de même ouvert des portes qui étaient hors de ma portée auparavant. Cette toute nouvelle expérience avait malgré tout un goût de liberté.

Initialement aveuglé par la déception, je n'avais perçu que le revers de cette expérience. Les autres aspects positifs avaient été relégués dans l'ombre. Ce rendez-vous m'avait offert une perspective nouvelle, j'avais ouvert les yeux.

Certes, le résultat ne correspondait en rien à mes attentes, mais je n'étais plus contraint de maintenir ma poitrine sous pression au point de me couper la respiration ou de lacérer ma peau. La nécessité de dissimuler cette partie de moi en me tenant légèrement voûté était également derrière moi. Désormais, je ressentais la liberté de mon corps sous les étoffes, ma main pouvait glisser sur mon t-shirt sans rencontrer ni obstacle ni contrainte.

Cette liberté, nouvelle et inattendue, éclipsa quelques instants la déception du résultat. D'une certaine manière, je déliais plusieurs chaînes qui me maintenaient au sol, libérant mes ailes pour le futur envol que je désirais tant.

Peut-être es-tu concerné par la transidentité, si tel est le cas il est important de comprendre que les opérations ne sont en aucun cas obligatoires dans un parcours de transition de genre, et que chacun décide de la voie empruntée.

Cependant, si tu envisages une opération, ne tarde pas à prendre soin de ta poitrine, même si c'est une partie de toi que tu n'apprécies pas. Évite l'erreur que j'ai commise en utilisant des méthodes inappropriées, par l'usage de bandes ou le port de brassières trop petites pour écraser ta poitrine. Ces approches sont à proscrire, car elles peuvent endommager ta peau et avoir des répercussions sur le résultat final.

De nos jours, il existe des solutions que je ne connaissais pas à l'époque : les binders. L'essentiel est d'en choisir un de bonne qualité et surtout à ta taille !

Ton corps peut ne pas te plaire aujourd'hui, mais il sera ton compagnon durant toute ton existence. Ne reporte pas son soin jusqu'à une éventuelle opération. Pense à l'avenir et évite de te compliquer la tâche, comme j'ai pu le faire moi-même.

Le choix du chirurgien ne doit pas être fait à la légère, prends le temps nécessaire. Consulte plusieurs praticiens pour obtenir différents avis, demande à voir des photos de leurs résultats précédents. Si un chirurgien ne te montre aucune photo, méfie-toi. Un professionnel honnête t'exposera ses résultats, qu'ils soient bons ou moins convaincants. C'est un signe de transparence et de confiance.

Si tu es limité par le budget et que, comme moi, tu suis un parcours en privé, il peut parfois être nécessaire de faire preuve de patience pour rassembler les ressources nécessaires. Choisir un chirurgien en qui tu as confiance est la meilleure décision. J'ai omis certaines de ces étapes et en ai payé le prix. Je sais que tu es impatient que ce jour arrive, mais explore plusieurs options et prends le temps nécessaire.

Aujourd'hui, mon torse n'a pas encore l'apparence que je souhaite. Je suis conscient que j'ai encore un long chemin à parcourir pour atteindre cet objectif. En même temps, j'apprivoise ma vie avec ce complexe, une réalité partagée par de nombreux êtres humains. Il est important de garder à l'esprit que même des personnes que l'on pourrait imaginer très sûres d'elles peuvent être complexées.

La notion du complexe, cette ombre qui plane sur la perception de soi, est une réalité qui découle souvent des normes sociales qui façonnent nos esprits. Depuis des décennies, nous avons appris à aspirer à un corps conforme à une vision de la perfection, un standard souvent dicté par les médias et les réseaux sociaux. Les images de corps soi-disant parfaits, retouchés et façonnés selon des critères esthétiques irréalistes, ont créé une matrice de beauté trompeuse. Cette fausse réalité a exercé une pression considérable sur chacun d'entre nous, semant les graines du doute et du malaise dans la perception que nous avons de nos propres corps.

Heureusement, le paysage évolue progressivement. Une prise de conscience émerge, remettant en question ces normes artificielles. Des mouvements positifs vers l'acceptation de soi et la diversité des corps gagnent du terrain !

La route vers l'acceptation authentique est semée d'embûches, mais elle est aussi marquée par une résilience grandissante. Il est temps de rejeter les normes imposées et de célébrer la diversité des corps, car loin des filtres et des retouches, c'est dans notre authenticité que réside la vraie beauté.

Les complexes sont variés, pour certains, il est possible d'agir dessus, pour d'autres, ils échappent à notre contrôle. Pour ceux sur lesquels tu as une influence, tu as la possibilité de façonner ton destin dans la direction que tu désires. Mais, il est crucial de souligner que cette direction doit être la tienne, authentique et propre, sans être dictée par les attentes extérieures.

Il est tentant, parfois, de suivre le chemin que la société semble exiger que nous prenions. Mais, la véritable puissance réside dans le fait de choisir un parcours indépendant des normes imposées par les autres.

C'est en écoutant notre voix intérieure, en comprenant nos aspirations réelles, que nous pouvons transcender ces complexes et avancer vers une acceptation authentique. Le pouvoir réside dans ta capacité à définir ton propre chemin.

Le plus important dans cette exploration est de cultiver l'amour envers ton corps. Honore-le pour tout ce qu'il t'apporte. Cela implique de guérir ce qui se trouve à l'intérieur de toi, de déconstruire des codes auxquels on t'a longtemps fait croire. En faisant preuve de patience et de compassion envers toi-même, tu peux entamer un voyage vers une relation plus saine et aimante avec ton corps. Chaque action, aussi petite soit-elle, devient une pierre à l'édifice de ton estime.

10
Rupture et nouveau départ

Après ma période de convalescence, je retournai à Paris, espérant un nouveau départ. Mais, mon retour ne se déroula pas dans les meilleures conditions.

Je me retrouvais désormais confronté à ce que je redoutais le plus : présenter à la femme que j'aimais les résultats de l'intervention. Moi qui pensais pouvoir être enfin heureux et fier de cette transformation, ce que je m'apprêtais à lui dévoiler me répugnait. Lorsque j'entrai dans l'appartement et que je retrouvai Émilie, je pris la décision de lui montrer tout de suite ce qu'il en était. Elle était là, les yeux rivés sur ma peau, comprenant immédiatement que ce résultat ne correspondait pas à mes attentes.

Émilie tenta de m'apaiser, évoquant la possibilité qu'avec le temps les choses s'amélioreraient. Son empathie était touchante, mais je lui répondis que, de toute façon, je devrais repasser au bloc opératoire dans quelques mois. Elle voyait clairement la douleur dans laquelle me plongeait la situation.

Mais elle ne pouvait pas comprendre la totalité des raisons qui me plongeaient dans le désespoir. Face à elle, j'aspirais simplement à lui inspirer du désir, mais je me répétais que cela était impossible avec un tel corps. Dans le passé, elle avait été en couple avec des hommes cisgenres, et aujourd'hui elle se retrouvait avec un homme transgenre ne ressentant que du dégoût pour lui-même depuis le départ.

Je me persuadai, alors qu'Émilie méritait infiniment mieux que cela, que je n'étais pas à la hauteur de cette femme. Je me répétais que j'étais inférieur à tout homme susceptible d'éveiller son désir. Après cette opération, je me sentais extrêmement mal à l'aise avec mon corps, luttant contre la déception, incapable de me regarder sans pleurer.

J'avais érigé une prison autour de moi, dans laquelle je m'étais rendu inaccessible, même pour Émilie. Au fond de moi, je désirais ardemment qu'elle puisse y entrer, mais en même temps, je faisais tout pour la repousser, convaincu qu'elle méritait mieux que ce que je pouvais réellement lui offrir.

Tout me revenait avec une intensité déchirante, le poids que je faisais peser sur sa relation avec sa famille, le constat que je ne lui apportais pas véritablement ce qu'elle méritait en raison de mes souffrances. Je me torturais en pensant que si nos chemins ne s'étaient pas croisés, elle aurait été plus heureuse. Je lui faisais traverser des épreuves auxquelles elle n'aurait jamais eu à faire face si je n'étais pas entré dans sa vie.

Un sentiment de culpabilité m'envahissait, car, malgré toutes ces difficultés, je ressentais pour la première fois de ma vie l'intensité de l'amour dans chacune de mes cellules. Je ne pouvais me résoudre à m'éloigner d'elle.

Je me battais avec ces pensées contradictoires, oscillant entre la douleur de savoir que je lui faisais de la peine et mon impossibilité de renoncer à cet amour. Je m'en voulais pour les fardeaux que je lui faisais porter, mais en même temps, je chérissais chaque instant passé à ses côtés, incapable d'envisager ma vie sans elle.

* * *

Parallèlement, je cherchais un emploi et ce n'était pas une mince affaire. Le monde des bars ne m'attirait plus, je désirais explorer de nouvelles perspectives. Je tentai ma chance auprès des agences immobilières à la recherche de jeunes talents à former.

Je finis par en trouver une qui me correspondait et l'entretien d'embauche qui semblait pourtant prometteur bascula quand je leur remis mon CV. Ils me questionnèrent sur l'originalité de mon prénom et je leur indiquai alors être un homme transgenre.

C'est à ce moment précis que leur attitude changea. Ils attendirent que les autres candidats quittassent la pièce pour me retenir et me confier, gênés : « Écoutez, ce n'est pas contre vous, mais dans ce domaine, cela pourrait être compliqué pour vous, car les mentalités ne sont pas ouvertes et nous ne pouvons pas prendre ce risque. »

Je ne répondis rien et me contentai de lever les yeux au ciel. La situation me paraissait absurde. Je leur assurai que s'ils ne voulaient pas m'ouvrir leurs portes, j'irais en pousser d'autres, sans ressentiment. En sortant, une colère sourde m'envahit, je ressentais une incompréhension face à des situations rendues compliquées alors que tout aurait pu être si simple.

Devais-je dissimuler mon identité pour m'insérer dans la société ? Il en était hors de question. Mais je savais alors que cela se révèlerait plus difficile.

Le parcours de transition est une décision mûre qui s'accompagne d'un cheminement intérieur complexe. Une fois entamée, cette démarche ne se limite pas à l'acceptation personnelle, mais englobe également notre volonté de reconnaissance par une société qui, parfois, nous considère comme des êtres étranges, en marge. C'est un combat quotidien, une lutte pour l'acceptation et la légitimité dans un monde qui, malheureusement, n'est pas toujours prêt à accueillir notre authenticité. Toutefois, chaque étape de ce parcours représente en réalité une victoire sur l'adversité, un pas de plus vers l'affirmation de soi en dépit des obstacles. C'est un rappel puissant que notre existence mérite d'être célébrée, pleinement et sans compromis.

En dépit des difficultés, je n'en voulais pas réellement à ces employeurs. J'étais persuadé que si le monde avait suivi une certaine direction depuis tout ce temps, il était également capable de faire marche arrière, de changer de trajectoire. Malgré cette expérience décourageante, je gardais l'espoir que les choses évolueraient un jour dans le bon sens, celui de la tolérance.

Ainsi, je continuai à postuler à divers métiers, déterminé à ne pas me laisser abattre par ces refus. Mais je me heurtai toujours à une fin de non-recevoir. C'était un rappel brutal de la réalité souvent impitoyable que rencontraient les personnes transgenres dans le monde professionnel. Malgré ces obstacles, ma détermination restait intacte, et j'espérais qu'un jour, des portes s'ouvriraient.

Durant cette période, je développai en parallèle une activité en tant qu'indépendant dans le domaine du bien-être. Cela me permettait de dégager un faible revenu qui était toutefois insuffisant pour assurer un train de vie parisien.

La situation était difficilement tenable, j'avais la sensation de perdre tout contrôle, observant avec impuissance que rien ne se déroulait comme je l'avais espéré.

* * *

Le fossé entre Émilie et moi se creusait chaque jour davantage. La lueur autrefois vive dans ses yeux faiblissait, signe évident de son éloignement. C'était une réalité difficile à accepter, car même si elle tentait de n'en laisser rien paraître, je sentais que les choses changeaient.

Les mois passaient, et notre relation ressemblait de plus en plus à une cohabitation. Les gestes tendres se transformaient en habitudes, perdant l'intensité des débuts. Certains week-ends, elle retournait dans sa région natale, ce qui ajoutait une distance physique à l'éloignement émotionnel. C'est lors de l'un de ces week-ends prolongés qu'elle m'annonça, à travers un message, qu'elle avait constaté que notre relation n'était plus la même.

À la lecture de ces mots, je sentis mon cœur manquer un battement. Bien que j'eusse pressenti ces changements, je refusais catégoriquement d'admettre cette vérité. Les larmes coulèrent à la lecture de son message et, dans un élan d'émotion que je ne contrôlais plus, je lui demandai de m'appeler. Elle le fit, nous restâmes quelques minutes au téléphone, et je sentais que la dernière chose qu'elle souhaitait était de me faire souffrir. Elle évoqua son besoin d'en discuter avec moi à son retour à Paris.

Les jours qui précédèrent nos retrouvailles, je n'étais que nervosité et appréhension. Je n'étais pas aveugle sur l'issue et je sentais que j'allais devoir affronter une douleur jusqu'ici inconnue. Pourtant, malgré ma lucidité, une partie de moi pensait que nous pouvions surmonter cette crise et repartir sur des bases plus saines et solides.

Quand j'entendis la porte de l'appartement s'ouvrir, un frisson courut sur ma peau. Elle me salua avec douceur, ôta délicatement sa veste, puis me lança maladroitement : « Il faut que l'on discute. » Je hochai la tête, conscient que cet échange serait crucial.

Elle s'assit à côté de moi, nos regards se croisèrent et sans qu'elle eût besoin de formuler quoi que ce soit, je compris. Je pouvais lire dans ses yeux. Elle m'annonça qu'elle ne pouvait plus continuer, que son amour s'était essoufflé.

Au fur et à mesure qu'elle prononçait ces mots, des larmes coulaient sur son visage en flot continu. Émilie pleurait également. Incapable de la voir ainsi, je la pris dans mes bras, tentant de la réconforter en lui assurant que tout irait bien. Elle exprima sa volonté de ne pas me faire de mal. Je lui assurai que ce n'était pas sa faute, qu'il en était simplement ainsi.

Je percevais qu'elle venait de se libérer d'un poids qu'elle portait depuis longtemps, et bien que je m'efforçasse de ne pas le voir, le moment était venu.

Malgré la tristesse de l'instant, quelque chose brillait en moi. J'avais eu la chance de vivre mon premier amour avec une femme exceptionnelle. Notre relation avait été incroyable à tous les égards. Même si cela se terminait maintenant, j'avais connu le véritable amour et savais désormais qu'il existait. La douleur de la perdre était immense, mais je l'acceptais, car elle méritait d'être heureuse et d'être apaisée auprès de l'homme qui partagerait sa vie.

C'était le début d'une nouvelle étape, difficile, mais empreinte de gratitude pour tout ce que nous avions vécu et partagé.

Elle m'assura que notre relation resterait à jamais gravée dans sa mémoire. Elle me promit que je pourrais toujours compter sur elle, promesse que je lui fis aussi en retour.

Il est rare de nos jours de vivre des relations qui se concluent sur une note aussi belle. Je suis convaincu que même si l'amour évolue et prend une forme différente, il demeure toujours présent. Le moment où nos chemins se séparent peut être aussi poignant que celui où ils se sont croisés pour la première fois. Émilie avait concrétisé mes aspirations les plus profondes, en m'ouvrant la porte non seulement à l'amour partagé, mais aussi à l'amour de soi. La vie continuait et Émilie m'offrit la possibilité de rester le temps nécessaire pour trouver un nouvel appartement. En attendant, nous décidâmes de partager le même espace, mais de dormir séparément.

Cette période se révéla être l'une des plus complexes. Vivre avec la personne que l'on aime, tout en sachant que cet amour n'est plus partagé, devoir réfréner certains réflexes conditionnés par le sentiment amoureux, tout cela est très douloureux. Cette épreuve ravivait sans cesse la peine et la souffrance de voir notre relation s'éteindre.

* * *

Je me lançai activement à la recherche d'un emploi, et me résolus à me tourner à nouveau vers le milieu des bars. Bien que ce ne fût pas ce que je désirais initialement, c'était la seule option pour le moment. Je postulai en tant que barman dans un établissement réputé à Paris, le Comptoir Général, situé non loin de mon lieu d'habitation.

En pénétrant dans ce lieu, je ressentis que l'énergie était différente, bien plus positive que dans les endroits où j'avais déposé précédemment mes CV. L'entretien avec la sous-directrice se déroula sans encombre, et quelques jours plus tard, je réussis mon essai brillamment. Elle me proposa le poste.

Le personnel était ouvert d'esprit et composé pour partie de membres de la communauté LGBT. Cette ambiance me mettait totalement à l'aise, me permettant même de discuter ouvertement de ma transidentité avec certaines personnes de l'équipe.

Quelque temps plus tard, je signai mon CDI, j'étais très fier d'avoir décroché ce contrat.

Notre quotidien avec Émilie avait considérablement changé. Malgré notre séparation, la cohabitation dura quatre mois. Elle passait ses journées à étudier, rentrant le soir au moment où je partais travailler. Cette nouvelle dynamique réduisait considérablement nos moments passés ensemble, et chaque rencontre devenait plus difficile. J'essayais tant bien que mal de composer avec les tourments intérieurs, mais au fil des mois, je pris conscience de ma responsabilité dans cette rupture.

La clientèle du Comptoir Général était chaleureuse, et l'ambiance, festive. Parfois, des femmes manifestaient leur intérêt pour moi, mais cela me mettait mal à l'aise, car j'avais l'impression de trahir Émilie même si notre histoire était terminée. Cela me poussait à éviter au maximum ce genre d'échanges, je redoublais d'imagination pour trouver des excuses pour me tirer de ces situations.

Lors d'une soirée, en fin de service, une femme désinhibée par l'alcool et l'ambiance me tendit son numéro de téléphone griffonné sur un bout de papier avant de s'éclipser. Je ressentis un dilemme : m'en débarrasser ou le conserver ? De retour à l'appartement, je décidai de saisir l'opportunité et lui envoyai un message.

Le lendemain, elle répondit, s'excusant d'avoir eu avec moi un comportement qui n'était pas dans ses habitudes. Notre échange se prolongea quelques jours avant que nous décidassions d'un rendez-vous dans un bar.

Sans trop savoir où cela me mènerait, je me laissai guider par mon impulsion, pensant que cette nouvelle direction pourrait apporter un peu de changement à ma vie. Lorsque cette femme arriva, une légère gêne me saisit, comme si je ne me trouvais pas ma place. Mais, elle se révéla être une personne charmante, intelligente et à l'humour décapant. Les rires fusèrent et les verres se succédèrent.

La soirée s'achevant, je lui proposai sans arrière-pensée de la raccompagner chez elle. Je n'imaginais absolument rien, étant animé par ce chaos intérieur et dans l'incapacité de me dévoiler à qui que ce soit.

Devant sa porte, elle suggéra un dernier verre chez elle. Je décidai de me laisser porter par l'instant, laissant de côté toutes les pensées qui s'agitaient en moi. Ensemble, nous montâmes et partageâmes un moment intime.

Au réveil, les effets de l'alcool dissipés, mes yeux papillotant dans la lumière, je me sentais partagé entre la joie d'avoir passé une soirée agréable et les sentiments complexes de malaise qui m'habitaient en permanence. De retour à l'appartement, je me repassais le film de la soirée et de la nuit passée avec cette femme. Pourquoi avais-je cédé à une voix susurrant de lâcher prise, sachant que la finalité serait teintée d'amertume ? J'étais perplexe.

Je me demandais comment expliquer cette nuit à Émilie. Bien que notre relation fût terminée, la culpabilité me rongeait, même si en théorie je n'avais rien à me reprocher, puisqu'elle avait choisi de mettre fin à notre histoire. Émilie voulut savoir où j'avais passé la nuit. N'ayant pas l'intention de lui mentir, je lui avouai que j'étais resté chez une femme.

Dans ses yeux, je lus de l'incompréhension. Malgré notre séparation, cette révélation semblait l'avoir touchée d'une façon que je n'avais pas anticipée. Les semaines s'écoulèrent, et mes rendez-vous avec cette femme se multiplièrent. Plus j'apprenais à la connaître, plus je ressentais un malaise intérieur grandir. En elle, je découvrais une personne exceptionnelle, dotée de valeurs profondes et d'un cœur généreux. Mais, je me sentais incapable de lui offrir ce qu'elle attendait. Elle aspirait à construire une relation, mais je me trouvais dans une impasse. Mon attitude avec elle avait alimenté des attentes auxquelles je ne pouvais répondre.

Une grande culpabilité pesait sur mes épaules, je comprenais que, par mes actions impulsives je reproduisais les schémas du passé. Je m'étais juré de ne plus infliger de telles souffrances à mes partenaires après le début de ma transition, mais j'avais réitéré.

Comprenant que concilier le partage du quotidien avec Émilie et mon travail de barman n'était plus viable, une décision s'imposa. Émilie annonça qu'elle allait vivre en colocation avec une amie. De mon côté, j'avais le choix entre rester à Paris avec un CDI stable ou tout abandonner pour commencer une nouvelle vie ailleurs.

* * *

Paris, et ses sources de distraction, offrait un environnement trop pesant pour quelqu'un comme moi, avide de contact avec la nature, préférant la quiétude aux foules. Je sentais que je devais fuir la capitale en dépit de ma crainte de devoir tout recommencer à zéro. Le choix de démissionner, de quitter cette vie pour me rapprocher de mes proches s'imposa.

Au moment de signer ma démission, un sentiment de soulagement s'empara de moi, confirmant que c'était la voie à suivre.

Concernant la relation que j'avais amorcée avec la femme rencontrée au bar, je ne lui annonçai pas en face mon départ. Je fis preuve de lâcheté et lui envoyai un simple message. J'accueillis sa réaction de colère légitime avec humilité, je reconnaissais le mal que j'avais pu lui causer.

J'appelai ma tante, lui demandai si elle pouvait venir me chercher à Paris.

La phase de préparation des bagages marqua définitivement la fin de ce chapitre de ma vie. Émilie avait choisi ce week-end pour s'absenter, offrant ainsi un espace propice à mes propres réflexions. Ma tante arriva et nous chargeâmes le véhicule. C'est à ce moment que je réalisai que mon être intérieur était blessé et en souffrance profonde et que cette blessure rendait mes rapports aux autres compliqués. Pour amorcer la guérison nécessaire, je devais m'accorder un temps seul, un voyage introspectif. C'était la clé pour cesser de faire du mal à ceux qui m'entouraient.

En vérité, les traces invisibles de mon passé m'avaient profondément marqué. Certains passages de ma vie, certains comportements que j'avais adoptés avaient simplement creusé davantage cette faille intérieure. Face à moi se dressait une montagne, imposante et intimidante, et je doutais soudain de ma capacité à la gravir.

Notre existence est tissée d'expériences qui laissent une empreinte sur notre être. Certaines sont agréables et peuvent nourrir notre âme. Elles sont comme des éclats de lumière qui apportent joie, sérénité et amour. Ces moments puissants contribuent à façonner un esprit résilient, capable de puiser dans sa propre lumière pour surmonter tous les défis.

Mais, comme la pièce de monnaie qui a deux côtés, il est aussi inévitable de vivre des expériences douloureuses qui laissent des blessures profondes. Ces cicatrices peuvent résulter de déceptions, de pertes, de chagrins d'amour ou de trahisons. Les conséquences de telles blessures ne se limitent pas au domaine émotionnel, mais se répercutent également dans notre façon de percevoir le monde et de nous percevoir nous-mêmes.

Lorsque notre âme est blessée, elle peut réagir de diverses manières, car nous sommes tous différents. Certaines personnes développent des mécanismes de défense, érigeant des barrières protectrices pour s'éviter toute nouvelle souffrance. D'autres peuvent ressentir une sensibilité accrue, réagissant plus intensément aux événements de la vie. Les blessures de l'âme peuvent teinter nos perceptions, et influencer nos choix, nos relations et également notre rapport au bonheur.

Parfois, nous avons l'impression d'être piégés dans des schémas répétitifs, comme des refrains lancinants qui jalonnent notre existence. Ces schémas, souvent inconscients, nourrissent nos souffrances sans que nous comprenions pleinement ce qui nous pousse à perpétuer ces cycles.

Le premier pas vers la compréhension est la prise de conscience.

Il est nécessaire de s'arrêter un instant, de regarder en soi-même et de reconnaître la récurrence de nos erreurs. Ce n'est pas simple et faire face à certaines parts de nous que nous préférerions éviter de rencontrer requiert du courage. Ces répétitions peuvent avoir pour origine les expériences de notre vie ou même être héritées des générations qui nous ont précédés.

Les dynamiques familiales, les croyances, les traumatismes qui n'ont pas été réglés peuvent se répercuter d'une génération à l'autre.

Je pense que le lien qui unit chaque génération est comme un canal à travers lequel circulent les expériences vécues. Comprendre ces transmissions intergénérationnelles m'a éclairé sur mes propres actions. En explorant nos racines, nous nous donnons la possibilité de rompre le cycle. C'est ainsi que l'on peut contribuer à alléger le fardeau du passé, pour nous, mais aussi pour ceux qui nous suivent.

La reproduction régulière de ces schémas stériles intervient afin de protéger notre être intérieur des souffrances passées. Ils deviennent un bouclier, même si paradoxalement, ils peuvent contribuer à perpétuer la douleur. Comprendre ces mécanismes, permet d'enclencher le processus de transformation.

Pour cela, tu ne dois faire qu'un avec ta conscience.

La conscience, cette voix intérieure qui crie tes vérités, même lorsque tu refuses de lui accorder la place qui lui revient. Elle devient un écho persistant qui te rappelle inlassablement ce que tu sais au plus profond de toi-même, même lorsque tu tentes de l'ignorer. Elle te chuchote toutes les vérités que tu n'oses parfois pas affronter, des réalités que tu préférais peut-être laisser dans l'ombre.

Cette voix en toi agit comme une boussole morale. Elle te guide vers ce qui est vrai, même quand cela se révèle inconfortable. Elle te pousse à te confronter à toi-même, à reconnaître tes forces tout autant que tes faiblesses. Elle est un rappel constant à l'authenticité.

La conscience est là pour t'inviter à grandir. Dès lors que tu accordes à cette voix la place qui lui revient, tu te donnes la possibilité d'atteindre ton être véritable.

Cette décision de laisser ta conscience briller doit être prise pour ton bonheur personnel, pour trouver ta paix. Quand on sort d'une relation honnête, d'un amour sincère, il est impossible de se précipiter dans une nouvelle liaison si nous ne sommes pas guéris. Combien de personnes choisissent de passer de l'une à l'autre sans jamais prendre le temps de se retrouver seules, sans véritablement réfléchir à qui elles sont et à ce qu'elles veulent ?

Le chemin vers la guérison intérieure est souvent un voyage solitaire. Prendre le temps de guérir et de comprendre les cicatrices de ton passé est essentiel pour construire des relations futures saines et significatives.

Tu choisis enfin de rompre ce cycle quand tu prends cette décision pour ton propre bonheur. Tu t'accordes l'espace nécessaire pour explorer et soigner les parties de toi-même qui ont besoin d'attention et d'amour. Ce n'est pas un acte égoïste, mais plutôt une nécessité pour ton propre équilibre. En embrassant ce temps de guérison, tu te donnes la chance de reconstruire non seulement ton rapport à toi-même, mais aussi de permettre à tes futures relations de s'épanouir

***

Retourner dans ma région d'origine, auprès des miens et repartir à zéro constituait la suite logique de mon périple. C'était une étape cruciale pour guérir et consolider les fondations que j'avais commencé à construire en acceptant une partie de ma transidentité.

Revenir à mes racines géographiques ne signifiait pas simplement un retour physique, cela incarnait une démarche symbolique vers les sources de mon être.

Je commençais à y voir plus clair dans les raisons de ma rupture avec Émilie. Il devenait évident qu'elle n'était pas le fruit du hasard. Cette séparation, bien que difficile, amorça un changement. Elle agissait comme un révélateur, mettant en lumière des aspects de moi-même que j'avais négligés, ou ignorés pendant trop longtemps. C'était grâce à l'expérience douloureuse de la perte de cet amour que je pus plonger au cœur de moi-même.

J'aurais pu sombrer dans le désespoir, mais je choisis de voir en cette séparation une opportunité, un tremplin pour ma croissance personnelle. Le chagrin de la rupture se muait en une force motrice, propulsant ma quête de découverte de moi-même. Chaque larme versée devenait une goutte nourrissant le terreau de ma résilience.

La rupture m'offrait l'occasion d'approfondir ma compréhension de mon être, de transcender les limites que je m'imposais, et de construire une relation plus saine, plus harmonieuse, avec moi-même.

Les cicatrices de cette séparation agirent comme des témoins silencieux de ma transformation, rappelant que chaque fin peut être le prélude d'un nouveau commencement.

Les premiers mois, l'idée même de me plonger dans mon activité d'indépendant semblait inenvisageable. Parvenir à quitter ma chambre était un exploit, je sentais sur mes épaules comme un fardeau qui me clouait au lit. Chaque tentative de reprendre le fil de ma vie était une bataille contre les chaînes invisibles de ma peine.

Je ressentais une culpabilité profonde de ne pas avoir investi tout mon être dans cette relation, puisque j'avais été, d'une certaine manière, l'architecte de cette séparation.

Je prenais progressivement conscience de l'ampleur du malêtre lié à mon corps. Chaque jour, le miroir me renvoyait une image qui me révoltait, et cette répulsion façonnait insidieusement ma vision du monde. Mon enveloppe, que je percevais comme une prison malgré le début du parcours de transition médicale, obscurcissait ma compréhension des relations que je tissais avec les autres. Cette obscurité me privait de la clarté nécessaire pour nourrir et préserver les relations précieuses, et c'est ce qu'il s'était produit avec Émilie.

Je ressentais une dualité en moi, une partie de mon être se flagellait, percevant chaque erreur comme un échec cuisant, tandis qu'une autre voix, plus compatissante, murmurait que chaque épreuve était une pierre sur le chemin de la compréhension, me rappelant les expériences douloureuses que j'avais traversées avant d'accepter que je fusse un homme transgenre.

Ces enseignements ne m'étaient pas toujours donnés avec douceur. La roue des émotions avait désormais tourné, et je me retrouvais à ressentir la douleur que j'avais autrefois infligée à de nombreuses femmes. C'étaient elles qui avaient déclaré m'aimer, et c'était moi qui avais pris la décision de tout arrêter. Le passé avec une ironie cruelle trouvait ici son écho. Je comprenais que celles qui croisaient mon chemin étaient des âmes exceptionnelles, dotées d'une pureté de cœur que j'avais involontairement abîmée.

Quand je réalisai cela, je m'en voulus terriblement. Je prenais enfin conscience des événements dans leur intégralité. Une certitude s'imposa, je ne voulais plus jamais être cette personne. Désormais je voulais guérir, afin d'être certain de ne plus projeter mes propres angoisses sur les autres. Il était temps de faire la paix avec cette culpabilité profonde, non pas en recherchant le pardon de mes partenaires, mais en me pardonnant à moi-même. C'était une étape cruciale vers la guérison et l'évolution vers une version plus compatissante de moi-même.

Ce fut une période de reconstruction où chaque jour devenait un défi, mais surtout une opportunité de guérir. Sortir de chez ma grand-mère, marcher de longues heures dans la nature était devenu un rituel essentiel. Ces moments solitaires me mettaient face à moi-même et m'offraient la possibilité de trouver des pistes pour prendre la bonne direction.

Lorsque des pensées dévastatrices surgissaient, j'adoptais une approche différente. Plutôt que de succomber à la critique intérieure, je laissais place à ma conscience. Je devenais un observateur neutre, prenant de la hauteur par rapport aux événements du passé. Cette prise de recul me permit de comprendre que je devais être plus tolérant envers moi-même.

Je ne voulais plus fuir comme j'avais pu le faire par le passé avant d'accepter ma transidentité. J'acceptais que le chemin de la guérison ne fût pas linéaire, qu'il comportât des ombres nécessaires pour apprécier la lumière. En accueillant mes pensées négatives sans leur laisser le pouvoir, ma conscience prenait le relais et me rappelait que ce n'était pas tant ce que j'avais fait par le passé qui importait, mais plutôt mes choix présents qui me permettraient de construire mon futur.

À chaque retour de ces longues balades, je me sentais plus léger. Ces moments solitaires dans la nature m'offraient la possibilité de prendre du recul. Lentement, je compris que ma vision était restreinte, que d'autres voies, d'autres façons d'aborder la vie, existaient autour de moi. J'avais passé tant de temps à fixer un seul chemin, persuadé qu'il était l'unique, que je n'avais pas remarqué les alternatives qui s'offraient à moi.

Progressivement, les barrières que j'avais érigées autour de mon amour-propre commencèrent à se fissurer. Un éclat de lumière parvint à filtrer au travers de ces fines fêlures, révélant la beauté insoupçonnée de cet amour intérieur.

En m'autorisant à ressentir ces fragments d'amour et de paix, je percevais le potentiel d'une connexion profonde, d'une renaissance. Chacun de ces instants éphémères était comme une éclaircie dans le ciel sombre de mes tourments intérieurs.

Ces révélations m'enseignèrent que la lumière n'était pas seulement une lueur lointaine que j'entrapercevais, qu'elle existait aussi en moi. C'était comme découvrir un trésor caché, une source inépuisable de sérénité et de joie.

Il est vrai que la route de la guérison n'était pas linéaire. Des pensées sombres, des souvenirs douloureux et des défis extérieurs pouvaient assombrir le paysage, mais maintenant j'avais l'assurance que ces moments lumineux n'étaient pas une illusion.

J'accueillis la patience, une alliée précieuse sur ce chemin, car dans le processus de guérison, je savais que le temps serait mon meilleur compagnon.

11
La méditation, le chemin vers son enfant intérieur

La nuit, dans le silence enveloppant de l'obscurité, mes pensées semblaient prendre vie. Les ombres de mes souvenirs et de mes réflexions devenaient palpables. C'était comme si l'absence de distractions extérieures permettait à mon esprit de plonger profondément dans ses abysses. Les regrets du passé, les questionnements sur l'avenir, et les doutes quant à ma propre valeur tournoyaient dans la nuit noire. La chambre silencieuse devenait le théâtre des débats intérieurs, parfois violents, entre différentes parties de moi-même.

Trouver la quiétude pendant ces heures agitées était si compliqué que je ne pouvais pas rester sans agir. La méditation avec laquelle je m'étais familiarisé pourtant n'en demeurait pas moins une énigme. J'avais l'habitude d'observer ceux qui la pratiquaient avec un mélange de curiosité et de perplexité. Pendant longtemps, j'avais hésité à m'y engager. La perspective de découvrir ce qui se cachait derrière le voile de mes pensées m'effrayait. Mais, je me souvenais qu'une des leçons les plus importantes que j'avais apprise grâce à ma transidentité était d'embrasser ce qui me faisait peur, car c'était souvent là que résidait la clé de la vérité.

C'est avec une certaine réticence, mais aussi un réel attrait que je décidai d'explorer ce monde intérieur. Je saisis mon téléphone, me connectai à YouTube et tapai « méditation guidée ». Une multitude de vidéos apparut. Ne sachant sur laquelle porter mon choix, je décidai d'écouter mon intuition et en sélectionnai une intitulée « À la rencontre de son enfant intérieur ».

Concentré, je m'abandonnai à la voix apaisante de la femme qui guidait cette expérience méditative. Mon esprit, habituellement tourmenté, se retrouva face à un défi inhabituel : laisser derrière lui le tumulte incessant de ses pensées. Dans les premiers instants, cela me semblait impossible, elles tournoyaient dans ma tête comme des spectres indomptables.

Toutefois, armé de détermination, je m'efforçai de les laisser s'évaporer, de les voir simplement comme des échos lointains. En me focalisant sur ma respiration, en me tenant immobile, j'érigeai en moi un sanctuaire, un espace où seule la quiétude régnait. Les pensées autrefois assourdissantes s'éloignèrent peu à peu jusqu'à devenir de simples murmures lointains.

Tout mon être se détendit dans un relâchement profond. Alors que la voix me guidait, un monde intérieur prit forme. Un lieu extraordinaire au cœur de la nature émergea. Le soleil y rayonnait, je percevais l'odeur enivrante des fleurs et je pouvais sentir la caresse de l'herbe sous mes pieds. Les couleurs étaient vibrantes, comme saturées. Je déambulais le long d'un cours d'eau. Le murmure apaisant de l'onde qui s'écoulait semblait porter les secrets de l'univers. Chaque pas que je faisais me connectait profondément à la nature. Au fur et à mesure de mon cheminement, je ressentais une énergie nouvelle, une renaissance nourrie par la majesté de ce paysage.

Une cabane se profilait à l'horizon, m'apparaissant comme une relique du passé. Je sentis qu'elle représentait ce que j'avais enfoui en moi. Je m'approchai et poussai la porte de cette masure oubliée dans laquelle chaque objet poussiéreux ou brisé semblait porter un secret.

À mesure que mes yeux parcouraient les lieux, des émotions enfouies remontaient à la surface. Les bols disposés sur une table paraissaient suspendus dans le temps, portant encore l'écho des rires et des moments partagés. Les photos accrochées au mur, figées dans leurs cadres couverts de poussière, racontaient l'histoire d'une famille qui avait laissé son empreinte entre ces murs. Chaque recoin de cette cabane était un portail qui s'ouvrait sur des moments que le temps avait figés, attendant patiemment d'être redécouverts par ceux qui oseraient s'aventurer dans son silence.

Dans cet étrange sanctuaire, je ressentais des émotions contradictoires. Au lieu de craindre l'inconnu, je me sentais en pleine confiance. Mon cœur, tel un tambour, battait de plus en plus fort dans ma poitrine. Je perçus soudain un son mystérieux qui semblait provenir de l'arrière de la cabane. Les secondes semblaient s'étirer, mes sens étaient en alerte. Dans cette atmosphère tendue, je décidai de m'aventurer prudemment en direction du bruissement. Les murmures de la nature semblaient s'être tus, comme si elle aussi retenait son souffle. Là, dehors, dans la semi-pénombre, entre les ombres des arbres, j'aperçus la frêle silhouette d'un enfant replié sur lui-même, les bras enserrant ses genoux. Il semblait terrorisé, tout son corps tremblait. Intrigué, je m'approchai doucement, essayant de ne pas l'effrayer davantage. La lueur vacillante de la cabane dévoila son visage marqué par les épreuves. Ses yeux refusaient de croiser les miens.

Je m'agenouillai doucement pour me mettre à sa hauteur. Je lui assurai avec douceur qu'il n'avait rien à craindre de moi, que je ne souhaitais que lui apporter du réconfort. Alors, délicatement, il écarta les cheveux qui dissimulaient une partie de son visage.

Nos regards se croisèrent, et soudain, le monde autour de nous s'effaça. C'était comme si une connexion invisible et puissante se tissait entre nos âmes. Pendant cet instant, tout sembla suspendu.

Un sourire éclaira son visage. Il se releva et, d'un élan joyeux, se précipita contre moi. Mes bras l'entourèrent, je sentais ses larmes mouiller ma poitrine. Les sanglots de l'enfant et les miens se confondirent dans un instant de pure libération.

Embrassant cet être fragile, je lui demandai pardon de l'avoir mis de côté et abandonné durant toutes ces années. Je m'excusai sincèrement pour les épreuves que je lui avais infligées reconnaissant que, depuis le début, il n'avait fait que m'exprimer sa vérité. Je lui assurai que tout cela était dorénavant derrière nous, que j'étais venu le chercher et que désormais, il serait ma priorité.

À cet instant, alors que je vivais intensément ce moment plongé dans mon monde intérieur, mon corps réagissait dans le monde extérieur. J'étais figé, plongé dans une immobilité semblable à un sommeil profond, mais mes joues étaient mouillées de larmes. L'émotion transcendait la barrière entre ces deux dimensions, créant une expérience immersive où les frontières s'estompaient.

Je ressentis alors la certitude inébranlable que je venais de récupérer une part essentielle de moi-même, longtemps négligée et oubliée. C'était comme si les fragments perdus de mon être étaient enfin réunis.

Cet enfant intérieur avait été relégué dans le silence durant ces années où je m'étais persuadé d'adopter le rôle que le monde attendait de moi, celui d'une femme. À cet instant précis, les barrières érigées autour de lui s'étaient brisées. J'étais à nouveau complet.

C'était bien plus qu'un simple soulagement ou une réconciliation avec mon passé, c'était comme si une lumière intense avait éclairé les recoins les plus sombres de mon être. Les émotions se mêlaient, créant une connexion profonde entre le passé, le présent et le futur. Mes larmes étaient à la fois un rappel des souffrances endurées et un témoignage d'une grande libération. Chaque étreinte partagée avec cet enfant était un acte de réconciliation, une manière de guérir les blessures qui avaient longtemps été tues. Là où la peur régnait au début de la méditation, une confiance totale s'était installée. C'était le début d'un voyage vers l'acceptation et la guérison.

Cet enfant intérieur, présent en chacun de nous, véritable gardien de notre innocence, incarne une période sublime de pureté et d'authenticité. Dans notre enfance, nous sommes profondément connectés à l'émerveillement, à la curiosité qui transforme chaque découverte en une aventure fascinante. Nos sens s'aiguisent, captent la beauté des choses simples, comme se plonger dans la contemplation d'une fleur aux pétales délicats ou suivre le vol d'un papillon. Par la suite, nous quittons l'insouciance de l'enfance pour plonger dans les eaux tourbillonnantes de l'adolescence, cette période charnière qui marque une étape majeure de notre vie. C'est une phase où la croissance physique s'accompagne d'une exploration intense de notre identité, de nos relations et d'une interrogation de notre place dans le monde.

Le miroir devient notre ennemi, reflétant nos transformations physiques, mais aussi nos incertitudes. Les normes et les attentes sociales commencent à exercer leur influence, dessinant les contours d'une vie établie auxquels nous sommes invités à nous plier. Les stéréotypes de la beauté, les pressions pour correspondre à des modèles préétablis entrent alors en scène, parfois de manière brutale.

C'est là que notre perception de nous-mêmes devient un terrain de jeu complexe. Nous sommes pris entre le désir de nous affirmer et la quête parfois difficile de l'acceptation. Le regard d'autrui pèse parfois plus lourd que celui que nous portons sur nous-mêmes. Les questionnements identitaires, les doutes et les expériences des premières fois font partie intégrante de cette agitation émotionnelle qui peut laisser des cicatrices indélébiles.

L'adolescence, c'est aussi le temps des amitiés profondes, des premières amours, mais aussi des déceptions et des chagrins. Les rires, les pleurs, les rêves… tout s'entremêle dans ce tourbillon d'expériences qui forge notre être. C'est une phase de vie complexe et parfois chaotique où la recherche de soi se fait au gré de vents capricieux. À travers les hauts et les bas, cette période nous prépare à affronter également les défis de l'âge adulte.

Pendant cette période, notre enfant intérieur peut paraître prendre ses distances. Les transformations auxquelles nous sommes confrontés peuvent influencer la connexion que nous entretenons avec cette part authentique et pure de nous-mêmes. Les attentes sociétales, les responsabilités croissantes et les changements physiques peuvent parfois éclipser la simplicité et l'émerveillement caractéristiques de l'enfance. Les jeux innocents, les rêves, et la perception pure du monde peuvent sembler être relégués au second.

Enfin survient l'entrée dans l'âge adulte, souvent marquée par une série de défis complexes, où les dynamiques externes et les influences sociales peuvent parfois prendre le dessus sur notre essence authentique. Au fil du temps, les blessures intérieures encore béantes deviennent les fardeaux que nous portons. Ces plaies, qu'elles soient issues de l'enfance, de l'adolescence ou de l'âge adulte, façonnent nos choix, nos comportements et nos relations de manière souvent inconsciente.

Il en va de même pour l'influence des autres qui devient parfois si prédominante que l'on sacrifie souvent nos vérités au profit des leurs. La pression sociale et le désir de validation peuvent nous éloigner de notre essence. Et pendant ce temps, notre enfant intérieur, condamné au mutisme, perd peu à peu son pouvoir.

Le chemin vers la maturité émotionnelle n'est pas tant une question d'âge comme beaucoup peuvent le penser, et il n'est jamais trop tard pour commencer ce voyage. Effectivement, cela implique souvent de briser des barrières, de déconstruire les conditionnements, et de retrouver la connexion avec notre enfant intérieur. Cela exige de prendre conscience de notre propre responsabilité, de guérir les blessures du passé et de rétablir un équilibre sain entre les influences externes et notre nature intérieure.

En acceptant et en honorant ton enfant intérieur, tu retrouveras une source de spontanéité et d'authenticité.

C'est un acte de retour à soi, un voyage qui permet de réaligner tes choix, tes actions avec ta véritable essence, libérant ainsi la voix de cet enfant intérieur qui a tant à t'enseigner.

* * *

Les retrouvailles avec mon enfant intérieur marquèrent le début de ma prise de conscience. J'avais été tellement obnubilé par la réalité extérieure que j'avais négligé l'importance de cet univers.

Autrefois, dans mon enfance, ce monde ressemblait à un jardin luxuriant où je me sentais en paix. Mais, au fil du temps et des expériences, ce jardin avait été laissé à l'abandon, se transformant en un paysage aride. L'impact des défis et des épreuves de la vie sur mon intériorité avait altéré la perception que j'avais de moi-même.

La redécouverte de mon enfant intérieur avait été comme un retour à ce jardin oublié. Cela impliquait d'explorer les recoins les plus sombres, de guérir les blessures de ces dernières années et de replanter des graines de la vitalité et de l'amour.

En tant qu'adultes, nous ne sommes pas toujours encouragés à valoriser notre moi intime. L'éducation et les normes sociales mettent souvent en avant le développement de compétences extérieures, la réussite matérielle et notre capacité à s'adapter aux attentes. Cela crée une dynamique où la construction et l'expression de notre extériorité prennent le pas sur l'exploration et la préservation de notre intériorité.

Ne se concentrer que sur l'extérieur peut conduire à une déconnexion progressive avec soi-même. Cette rupture a des répercussions significatives sur notre bien-être. Pourtant, le pouvoir que nous avons sur notre monde intérieur est tout aussi puissant, si ce n'est davantage, que celui que nous exerçons sur le monde extérieur. En cultivant une relation consciente avec notre intériorité, nous pouvons construire un havre de paix, un équilibre.

Prendre la responsabilité de faire face à ce qui se trouve à l'intérieur de soi peut être un voyage exigeant et inconfortable sur l'instant, mais c'est un investissement pour trouver la paix, une forme de quiétude. C'est une démarche courageuse pour guérir les blessures et comprendre nos émotions.

La méditation constitua une révélation dans ma vie, une clé qui transforma mon existence de manière significative. Après cette expérience, j'intégrai la méditation dans ma routine quotidienne, reconnaissant qu'elle jouait un rôle crucial dans la guérison de mes blessures. Cette pratique, bien que pour moi initialement intimidante, était devenue une alliée indispensable.

Il est vrai que la méditation peut sembler complexe au début, surtout pour ceux qui ont du mal à lâcher prise. Je me souviens de mes premières tentatives, parfois frustrantes, où le flot incessant de pensées semblait ne jamais vouloir se tarir. Mais, je savais que tout résidait dans la persévérance, dans le fait de revenir régulièrement à cette pratique. Au fil du temps, elle devint plus fluide, et je fus capable de détacher mon esprit du tumulte extérieur. Chaque séance se transformait en une aventure, une exploration de moi-même dans le calme, où je découvrais des pans insoupçonnés de ma vérité.

Au fil du temps, j'observais l'impact profond de tous ces rituels de bien-être également sur ma perception du monde extérieur. Une transformation subtile, mais puissante s'opérait dans l'énergie qui m'entourait. Ma vision du monde évoluait, je ressentais tout plus intensément. Mes promenades quotidiennes devenaient des célébrations de la vie, j'avais conscience du moindre rayon de soleil sur ma peau, du moindre chant d'oiseau. Même dans la tristesse de la séparation avec Émilie, une paix intérieure m'enveloppait.

Je me plongeais avec enthousiasme dans mon activité d'indépendant axée sur le bien-être, mon travail me procurait une immense satisfaction. Pour la première fois, je parvenais à passer des nuits apaisantes, anticipant le moment du coucher avec une réelle impatience teintée de joie.

Même face au reflet douloureux du miroir, je ne perdais pas espoir. Je savais que grâce à l'exercice physique et à la patience je pouvais agir sur l'aspect de mon torse.

Les mois défilèrent, et pour la première fois, j'éprouvai une grande stabilité. Là où j'étais autrefois pris au piège de mes angoisses, je ressentais désormais un équilibre que j'entretenais chaque jour.

La blessure causée par la séparation avec Émilie avait enfin cicatrisé. Je percevais les choses dans leur globalité, prenant conscience de la chance que j'avais eue de découvrir l'amour à ses côtés. Mon regard sur ce sentiment demeurait intact malgré notre rupture, et je continuais d'y croire. Je savais qu'un jour, quand je serais prêt, je partagerais cet amour avec la personne qui m'était destinée.

Malgré ma guérison, je n'avais pas le désir immédiat de m'engager dans une nouvelle relation. Je reconnaissais que le chemin n'était pas terminé et je refusais de causer des souffrances à quiconque.

Cependant, le destin en avait décidé autrement et s'apprêtait à me faire vivre l'expérience la plus douloureuse de toutes.

12
Emprise et relation toxique

La progression de ma transition médicale m'apparaissait de plus en plus clairement. Les traits de mon visage changeaient, et j'apprenais à apprécier le reflet que me renvoyait le miroir. Prendre soin de ma barbe, désormais presque complète, me rendait heureux.

Certains jours étaient plus faciles à vivre que d'autres, mais je lâchais progressivement prise. Les crises de dysphorie n'avaient pas disparu, mais je refusais de leur laisser le contrôle. Lors de ces moments difficiles, je me rendais compte que j'étais pris au piège de mon esprit, mais j'avais trouvé une technique pour l'apaiser. Je devais réintégrer mon corps. Aller courir la musique dans les oreilles, passer du temps avec ma grand-mère pouvaient être des exutoires efficaces.

Auparavant, je refusais de croire en quelque chose capable de contrer cette souffrance, mais désormais je savais que je possédais une arme capable de la faire taire. Je savais que rien n'était plus fort que l'amour de soi.

Je profitais pleinement de cette phase de ma vie, constatant une réelle amélioration de mon quotidien. Je traversais les moments difficiles avec plus de légèreté, éprouvant le sentiment d'être en voie de guérison.

Mon engagement dans mon activité d'indépendant avait fini par porter ses fruits, après plusieurs mois de travail acharné, je parvenais enfin à me verser un salaire convenable. Je prospectais et échangeais régulièrement avec de nouvelles personnes afin de faire découvrir le concept sur lequel je travaillais.

C'est dans ce contexte qu'une femme nommée Alissa m'ajouta sur les réseaux sociaux. Elle m'indiqua être intéressée par mon domaine d'activité, travaillant elle-même dans le secteur du sport. Nous échangeâmes ainsi autour de nos professions d'abord par écrit puis par messages vocaux. Au fil des audios, je percevais bien, au son de sa voix, que nos échanges n'étaient pas strictement professionnels et nous abordâmes rapidement des aspects plus intimes de nos vies. Un jour, elle me confia notamment qu'elle était très intéressée par la spiritualité.

J'avais senti que ce n'était pas une conversation banale. Le lendemain de celle-ci, je lui proposai de nous rencontrer et de discuter de son projet dans le domaine du sport dès que mes déplacements professionnels me conduiraient près de chez elle. Elle accepta avec enthousiasme, mais ajouta qu'elle partait au Mexique pour un mois et que nous pourrions prévoir ce rendez-vous à son retour en France.

Pendant toute la durée de son voyage, nous échangeâmes. Elle m'envoyait des photos et notre conversation se teintait délicatement de séduction.

À son retour, nous nous rencontrâmes. Je découvris une femme de vingt-cinq ans au teint hâlé, rayonnante et au sourire communicatif. Nous nous installâmes à la terrasse d'un café pour prendre un verre et si la conversation commença bien sur un ton professionnel, elle prit rapidement un tour gagnant en profondeur.

Je lui proposai alors d'aller marcher autour d'un étang pour poursuivre notre discussion tout en profitant du beau temps. Nous nous promenâmes pendant plus d'une heure, et c'est ce jour-là qu'elle me confia certains pans de sa vie. Je fus touché par son récit. Je trouvais admirable qu'elle en soit là, élevant seule son enfant depuis sa naissance. Notre rendez-vous s'acheva ainsi et nous nous séparâmes.

J'étais heureux d'avoir fait sa connaissance, mais j'étais assez perturbé. Je me sentais sur la même longueur d'onde qu'elle. Elle m'assurait que notre rencontre avait comme un sens caché, qu'il n'y avait pas de hasard, que chacun de nous deux avait franchi un cap cette année-là et que maintenant la vie nous proposait un renouveau. Cela me déroutait. Était-ce le moment pour moi de me lancer dans une nouvelle relation ? Si cette opportunité se présentait maintenant, était-ce parce que j'étais prêt ?

Je lui confiai alors qu'après Émilie, j'avais décidé de naviguer seul pendant un certain temps, mais que notre rencontre avait ébranlé toutes mes convictions.

Après ce premier rendez-vous, une partie de moi tentait de me mettre en garde, mais je refusais de l'écouter.

Nous nous revîmes et j'appris à la découvrir davantage. Alissa était une femme optimiste et résiliente. Un jour, je l'embrassai. Ce premier baiser me déboussola. La joie et l'excitation que je ressentais étaient obscurcies par une crainte inconnue, sans que je parvinsse à m'en expliquer les raisons. Je rationalisai ce sentiment en me répétant que cela n'avait rien à voir avec elle et que cette angoisse était sans doute liée à mes craintes personnelles. Je pensais encore que tout irait bien.

* * *

Avec le temps, je confiai à Alissa de plus en plus de détails sur ma famille, mes amis, ainsi que sur mon parcours de transition. C'est d'ailleurs durant cette période que je subis enfin ma deuxième opération du torse. Plus d'une année s'était écoulée, et comme je l'avais anticipé, l'excédent de peau ne s'était pas résorbé. Le chirurgien m'avait alors proposé une date pour une nouvelle intervention.

Il me demanda si je préférais une anesthésie locale ou générale. En choisissant l'anesthésie locale, je pourrais sortir immédiatement après l'opération, j'optai alors pour cette option.

J'étais transporté de joie à l'idée que cet excès de peau allait enfin disparaître. À nouveau, j'étais envahi par une vague d'émotions familières, semblable à celle éprouvée lors de ma première opération. C'était l'occasion tant attendue de voir se concrétiser mon rêve.

Quand j'arrivai à l'hôpital, je reproduisis le même schéma que lors de ma première opération, arborant un sourire aussi radieux qu'à cette époque. Je pénétrai dans le box, me déshabillai et enfilai la tenue destinée au bloc opératoire. Il ne me restait plus qu'à patienter jusqu'à ce que l'on vienne me chercher.

Je vis la porte de mon box s'ouvrir, et à ma grande surprise, reconnu la même équipe qui m'avait opéré un an auparavant. L'infirmière vint tirer mon lit pour le placer devant la porte de la salle d'opération et me regarda en souriant, elle aussi se souvenait de moi. Je vivais cette intervention comme une seconde chance, comme l'occasion d'effacer les mauvais souvenirs de la première.

J'étais désormais dans le bloc opératoire, conscient que je ne dormirais pas, vivant pleinement cette intervention. Le chirurgien s'approcha de moi, expliquant qu'il allait injecter le produit anesthésiant en plusieurs fois autour de la zone à opérer avant de pratiquer sur elle le geste chirurgical tant attendu. Je sentis alors l'aiguille pénétrer profondément dans mon pectoral gauche à plusieurs reprises.

Comme j'étais allongé, il m'était impossible de voir le déroulé de l'opération en direct, mais je ne pouvais pas m'empêcher de jeter un œil dans le reflet de la lampe qui me surplombait. Je ne ressentais aucune douleur, mais je percevais les sensations. Je voyais le chirurgien manier un fil portant à son extrémité une sorte d'hameçon, le faisant glisser petit à petit, tirant vers le haut à chaque passage. C'était une scène presque artistique.

L'intervention dura à peine trente minutes et je pus sortir, un simple pansement sur le téton. J'avais la certitude profonde que cette fois-ci, tout l'excès de peau avait été retiré.

Je quittai l'hôpital, délivré du poids qui pesait si lourdement sur mes épaules et mon cœur depuis la première opération.

Dans cette phase postopératoire, je n'étais qu'euphorie. C'était comme si cet acte chirurgical avait libéré non seulement mon corps, mais aussi mon esprit, me permettant de vivre pleinement et consciemment chaque expérience avec une profondeur et une plénitude renouvelées.

* * *

Après plusieurs jours, je pus enfin retirer le pansement et découvrir le résultat. Nouvelle déception, je constatai qu'il restait de la peau. C'était à nouveau un coup dur, moi qui avais tant espéré.

Je décidai d'envoyer un courriel au chirurgien, lui montrant le résultat. Il me dit à nouveau qu'il fallait attendre la fin de la cicatrisation. Je compris alors que cela resterait ainsi, du moins pour le moment.

Après plus d'une année d'attente, ce moment que j'anticipais comme ma véritable délivrance me glissait à nouveau entre les doigts. Ma poitrine se serrait, j'étais amer et malheureux. C'était un mélange de frustration et de résignation, une bataille intérieure entre le désir fervent de voir se concrétiser mes espoirs et la difficile acceptation que cela ne se produirait peut-être pas tel que je l'avais imaginé. Je me retrouvais contraint de porter non seulement la déception et la tristesse liées à ce demi-échec, mais également de continuer à supporter le fardeau d'un complexe non résolu par l'intervention. Cela rendait encore plus lourd le poids sur mes épaules, et mon désir de me sentir enfin libre torse nu ne demeurait malheureusement qu'un simple rêve.

Cette situation avait la triste conséquence de transformer chaque moment du quotidien qui aurait dû être simple en un défi constant. Des activités ludiques, comme la baignade, se transformaient en expériences désagréables.

Malgré cette confusion dans mes sentiments, j'ai le souvenir d'un jour radieux dans cette obscurité. Sept mois après mon opération, nous nous rendîmes au bord d'un étang avec mes amis, et je retirai mon t-shirt pour la première fois dans un lieu public. Je luttai pour maîtriser les pensées douloureuses et savourer l'instant présent. Quelle extase de sentir les rayons ardents du soleil caresser ma peau, quel plaisir de plonger dans l'eau sans contrainte... C'était comme le début d'une nouvelle ère, où la liberté retrouvée éclairait mon chemin. Je profitai du moment et demandai à mon meilleur ami de l'immortaliser en prenant une photo. Bien sûr, je dus adopter une posture particulière pour dissimuler au mieux ce qui me complexait. Il était hors de question de laisser quoi que ce soit ternir cette merveilleuse expérience, destinée à demeurer un souvenir inoubliable.

Ces moments simples de la vie peuvent sembler anodins, mais ils m'avaient été rendus inaccessibles pendant de nombreuses années. Le fait de pouvoir à nouveau les vivre me faisait prendre conscience de leur valeur inestimable.

* * *

Quelque temps plus tard, je décidai de présenter Alissa à mes amis. Tout se passa relativement bien, pourtant, à ce moment-là, je voyais mes amis faire preuve d'une certaine retenue. Quand elle partit, ils me confièrent tous qu'ils étaient un peu perplexes. Ils ne savaient pas l'expliquer véritablement, ils considéraient que tout cela était trop beau pour être vrai, et ils me dirent qu'ils n'avaient pas forcément un bon pressentiment. Malgré cela tout ce qu'elle m'avait dit sur elle prit le dessus, et je les rassurai en leur disant qu'elle était une femme bien et qu'ils devraient apprendre à la connaître davantage. Mais une lueur d'inquiétude, que mes mots n'avaient su éteindre, persistait dans leurs yeux.

La relation avec Alissa continuait d'avancer, jalonnée par une série d'après-midis passés ensemble chez elle. À chaque rencontre, je retrouvais cette femme radieuse, sereine, en paix avec elle-même. Un jour, la conversation s'orienta vers nos attentes en matière de relation. J'exprimai l'importance que j'accordais à la communication, la confiance et le respect. Alissa acquiesça, me confiant que ces éléments constituaient pour elle aussi les fondations essentielles de toute relation. Nous évoquâmes ensuite nos passés respectifs et nos ex-partenaires. Je lui racontai mon parcours avant ma transition et le couple que j'avais formé avec Émilie, insistant sur l'importance de vivre un amour aussi fort au moins une fois dans sa vie. Alissa trouva cela particulièrement émouvant et ne manqua pas de me le dire. La discussion était fluide, je sentais que je pouvais partager mes pensées les plus secrètes en toute sincérité, sans craindre son jugement.

Elle me relata de son côté ses expériences sentimentales avec des hommes. Elle me fit le récit de relations douloureuses avec des partenaires toxiques, ce qui éveilla mon empathie. Je lui demandai quel était son type. Elle décrivit des hommes plus âgés, mûrs, imposants et indépendants. À cet instant, je lui demandai en plaisantant ce qu'elle pouvait bien me trouver, moi qui ne correspondais en rien à ces critères. Elle rit et répondit qu'à l'origine, je n'étais pas son style d'homme, mais qu'elle avait écouté son cœur. Cette réponse me blessa, car elle réveilla mon sentiment d'illégitimité et d'infériorité. Mais, en même temps, cela faisait écho à ce que j'avais aussi ressenti pour elle au départ.

En découvrant cette facette de sa personnalité, je compris qu'Alissa devait avoir un certain pouvoir sur la gent masculine. L'image d'une séductrice manipulatrice traversa rapidement mon esprit, mais je choisis de ne pas m'attarder sur cette interprétation hâtive. Je me rappelai que chacun portait ses propres fardeaux et que la lumière que j'avais perçue en elle brillait toujours.

Nous continuâmes à nous voir régulièrement, et j'eus l'occasion de rencontrer sa fille, une enfant âgée de six ans étonnamment mature pour son âge. Elle me faisait un peu penser à moi d'une certaine manière, me rappelant que pour être ainsi à cet âge, cet enfant, tout comme sa mère, avaient dû traverser des épreuves difficiles. Cette observation renforça ma compassion et mon respect pour Alissa, me faisant prendre conscience des défis qu'elle avait dû surmonter pour élever seule la petite. Malgré tout, je ressentais une certaine appréhension. Être avec une femme qui avait un enfant n'était pas une option que j'avais envisagée, je décidai toutefois d'accepter de vivre pleinement cette expérience.

Alissa souhaitait une présence constante de son partenaire, contrairement à ce que je pouvais lui offrir. Je compris qu'il fallait que les choses évoluent rapidement. Dérouté, je décidai de rassembler mes affaires et de m'installer chez elle. C'est à ce moment que tout bascula.

* * *

La vie avec Alissa se transformait progressivement en un enfer.

Chaque jour était devenu une lutte pour conserver ma dignité et mon équilibre intérieur. Alissa avait la troublante capacité de me faire sentir comme un étranger dans ma propre maison. Ses comportements manipulateurs me laissaient souvent dans un état de confusion et de détresse.

Ses critiques incessantes devinrent une routine, elle s'en prenait à mon apparence, à mes choix de vie, à mes amis, rien n'échappait à son œil acerbe. Elle trouvait toujours quelque chose à redire. Elle jouait également avec mes émotions, ses humeurs changeaient très rapidement, elle pouvait être chaleureuse et douce, puis devenir froide et distante l'instant suivant sans la moindre explication. Ces brusques changements créaient une atmosphère de tension et de méfiance.

Elle exerçait un contrôle subtil, mais omniprésent, sur ma vie. Elle remettait en question ma perception de la réalité, me faisait douter de moi-même et de ma propre mémoire. Parfois, elle me blâmait pour ses erreurs, projetant ses fautes sur moi. J'avais l'impression d'être celui qui était toujours en faute et je me retrouvais à lui demander pardon pour des actes qui ne m'étaient pas imputables. Sa capacité à provoquer des conflits pour ensuite se murer dans le silence, refusant tout dialogue, me torturait. Je peinais à comprendre comment une telle attitude pouvait être possible.

Un jour qu'elle se taisait, après avoir exprimé le besoin de lui parler et ayant compris qu'elle demeurerait inflexible, je perdis tout contrôle. Je lui demandai ce que j'avais pu faire pour mériter un tel traitement. C'est alors que, submergé par la douleur, je frappai dans la porte en chêne de la chambre à plusieurs reprises, sentant les os de ma main se briser. Cette douleur physique me ramena à la réalité et je l'accusai d'être responsable de la fracture de ma main. En vérité, je m'en voulais d'avoir perdu ainsi le contrôle devant elle, car rien ni personne n'avait jamais réussi à m'atteindre de manière aussi insidieuse et dévastatrice. Une radio confirma que les os de ma main étaient effectivement brisés. Mon médecin me posa un plâtre. J'inventai une histoire pour mes proches, racontant que je m'étais blessé en pratiquant un sport. C'était comme si je voulais me sortir seul de cette situation, honteux d'avoir donné un tel pouvoir à Alissa sur moi. Trois jours plus tard, je pris la décision de retirer le plâtre contre l'avis du médecin, choisissant de garder les séquelles de ce moment pour me rappeler à jamais cette phase de ma vie. Ainsi, aujourd'hui, le petit doigt de ma main droite est légèrement éloigné des autres, comme une trace de ce chaos que j'ai traversé.

Plus les mois passaient, plus la réalité s'imposait à moi, bien qu'une partie de mon être refusât de l'accepter. Mon espoir était alimenté par des moments lumineux, rares, mais intenses. Elle savait manier les mots, adopter les comportements adéquats pour raviver les braises. Cependant, à mesure que le temps passait et que les conflits se répétaient, je me battais pour ne pas me laisser détruire par cette femme. Lorsque nous rendions visite à ma famille, elle arborait le visage de la femme parfaite, irréprochable et serviable. Mes proches l'appréciaient, ignorant tout de l'envers du décor que je gardais secret. Pourtant, même sans un mot, ils avaient bien perçu que je m'éteignais. Ma santé physique en pâtissait. J'avais perdu plus de 10 kg, mon visage s'était émacié, mon regard était devenu terne et vide. Ma tante exprima son inquiétude, m'indiquant qu'elle ne m'avait jamais vu ainsi. Sur le moment, je minimisai, attribuant cela à la fatigue. Mais en reprenant la route vers ma vie quotidienne, cette phrase résonna en moi, brisant l'illusion. Lors des épreuves que j'avais traversées, je n'avais laissé à aucune d'entre elles la possibilité de me détruire et c'était là un pouvoir que je donnais à Alissa.

Tout vola en éclats le jour du mariage de ma sœur. J'attendais alors patiemment Alissa à la maison, elle devait rentrer pour se préparer. Elle arriva enfin dans un état de colère que je ne lui avais jamais connu, me couvrant d'injures. J'étais là, incapable de comprendre ce qui était en train de se passer. Je lui demandai pourquoi elle m'insultait. Elle me dit qu'elle avait vu que j'avais ajouté un like sous la photo d'une fille, insinuant que je la trompais. Ne comprenant rien à ce qu'elle me disait j'allais voir la photo dont il était question. C'était simplement celle d'une femme avec laquelle je m'étais entretenu de mon travail. Malgré mes explications, rien ne la calmait. Elle entra dans une colère noire, me criant de partir. Je restai calme, refusant, considérant que j'étais aussi chez moi.

Alors, dans une explosion de rage, elle se précipita dans la chambre, ouvrit mon côté de l'armoire et commença à jeter tous mes vêtements par la fenêtre, dans un flot d'insultes continu. Les voisins du village assistaient à cette scène spectaculaire, ce qui me plongeait dans un abîme de honte. Je la laissai faire, la regardant fixement. Je sortis et ramassai mes vêtements un à un, les repliai soigneusement, tout en évitant les regards curieux derrière les fenêtres.

Elle continua de claquer violemment les portes de l'appartement. Puis, dans le salon, elle alla voir sa fille qui avait assisté à cette escalade de violence et lui annonça que désormais, sa maman allait rejoindre son papa dans les étoiles. Cela activa mon instinct protecteur et je lui intimai de cesser de proférer de telles absurdités devant son enfant. Je la repoussai et indiquai à sa fille de se rendre dans sa chambre, en attendant que sa mère retrouve son calme. Étant moi-même passé par là enfant, mon cœur se serrait devant cette petite fille.

Je suivis Alissa dans la salle de bains pour tenter de la raisonner, lui expliquant qu'elle allait beaucoup trop loin. Elle ne semblait plus accessible à la raison. Hurlant, elle exigeait que je la laisse. Je lui affirmai que ce n'était pas envisageable tant qu'elle ne serait pas calmée. Dans un accès de colère, elle frappa violemment les meubles qui l'entouraient, comme prise d'une crise de démence.

Soudain, elle hurla et me donna un énorme coup de pied dans le ventre et son poing s'abattit violemment sur mon visage. Figé, je restai interdit face à elle, tentant de prendre conscience de ce qui venait de se produire. Essuyant ma bouche du revers de ma main, je constatai que je saignais et lui répétai plusieurs fois : « Je n'ai pas rêvé, tu viens de me frapper là. »

J'étais sous le choc, moins du fait de la douleur physique que pour la portée symbolique du geste qu'elle avait eu. Je sortis de la salle de bains, pris mon téléphone et annonçai que j'allais immédiatement avertir mes proches. Je savais qu'en faisant cela, il n'y aurait plus de retour en arrière possible. Dans la foulée, j'appelai ma mère et lui dis simplement : « Alissa vient de me frapper. » Elle me demanda tout de suite de quitter les lieux. J'assurai à ma mère que c'était terminé, que j'allais partir, la rassurant sur le fait que j'allais bien malgré tout. Alissa assistait à la conversation sans prononcer le moindre mot.

En raccrochant, je m'installai sur la terrasse, choqué par ce que je venais de vivre. C'était comme si tout devenait clair, me permettant de voir les choses telles qu'elles étaient réellement.

Pour la première fois depuis le début de notre relation, Alissa s'approcha de moi, la tête baissée, les yeux vides, murmurant des excuses. Je la regardai sans la moindre empathie cette fois-ci, gardant le silence. Aucune excuse ne pouvait justifier son geste. Toutefois, cet instant de contrition fut de courte durée. En quelques minutes, elle bascula et me demanda de partir. Je refusai catégoriquement, affirmant que je quitterais cet endroit quand je le déciderais. C'est alors qu'elle annonça qu'elle allait appeler les gendarmes. Sarcastique, je l'encourageai à le faire, lui rappelant de préciser qu'elle venait de me frapper.

Elle le fit malgré tout. Je l'entendis alors tordre la réalité au téléphone, se présentant comme une victime et affirmant que je refusais de quitter le domicile après l'avoir frappée. J'observais, avec un mélange de frustration et de résignation, la manipulatrice à l'œuvre. Je riais nerveusement, lui assurant que nous attendrions les gendarmes avec plaisir.

À leur arrivée, ils me prirent à part. Je leur expliquai toute la situation, leur laissant le loisir de constater par eux-mêmes les blessures causées par Alissa. L'un d'eux me regarda et me conseilla : « Monsieur Cerdan, face à ce genre de personne, le mieux est de partir et de vous protéger. » J'acquiesçai, convaincu que c'était la meilleure décision. Je pris ensuite le temps de charger ma voiture au maximum, et quittai les lieux sans me retourner pour retrouver ma famille.

* * *

J'arrivai chez ma mère qui vivait à l'époque dans un appartement exigu qui ne pouvait pas m'accueillir. En revanche, son compagnon possédait une petite maison, certes vide, mais qui me fut proposée. Je lui exprimai ma gratitude pour cette solution d'hébergement.

En y pénétrant, je découvris une petite cuisine, un matelas posé à même le sol et un canapé en piteux état. Une bassine à linge faisait office de table basse. Je m'assis en prenant un moment de pause nécessaire pour assimiler tout ce qui venait de se produire. À ce moment-là, les émotions me submergèrent, comme si tout ce que j'avais intériorisé ces derniers mois ressortait.

Au fil des semaines passées loin d'elle, je ressentais les fils de l'emprise d'Alissa se dénouer. Elle revint à maintes reprises devant ma porte, implorant mon pardon et demandant de donner une nouvelle chance pour notre histoire. Elle prétendait avoir pris conscience de la situation et promettait de changer. Bien que cela ne fût pas facile au début, je ne cédais pas et campais sur mes positions.

Rapidement, elle comprit qu'il n'y aurait pas de retour en arrière. C'est alors qu'elle décida d'opérer de la même manière qu'avec les gendarmes, en racontant une version qui me faisait passer pour une personne toxique et dangereuse. Je restai spectateur de tout cela, en paix, car je connaissais la vérité. Je me disais que ceux qui étaient capables de la croire tout en me connaissant n'avaient rien à faire dans ma vie, ce qui me permit de faire le tri dans mes relations. Je la laissai raconter ce qui lui plaisait, sachant que la vérité finirait toujours par triompher.

J'étais donc de retour à la case départ et ce, dans tous les domaines de ma vie.

* * *

Avec cette histoire, j'avais découvert la pièce du puzzle qui me manquait depuis toujours. Il était temps pour moi de m'aimer davantage, de me respecter et de me protéger comme je le méritais. J'étais le seul à pouvoir le faire.

Vivre une relation toxique, notamment avec une personne présentant des traits de perversion narcissique, laisse des cicatrices profondes. Mais je suis fermement convaincu que chaque expérience, aussi douloureuse et compliquée soit-elle, est une leçon précieuse destinée à enrichir notre compréhension de nous-mêmes.

Les personnes qui agissent de la sorte sont très souvent dépourvues d'empathie. Elles ciblent des partenaires vulnérables, exploitant cette faille pour instaurer une emprise insidieuse. Même si ma guérison s'était amorcée au moment où j'ai rencontré Alissa, j'avais toujours ce trou béant dans ma poitrine. Dans ma quête vaine de le combler, je m'épuisais à satisfaire ses besoins. Malgré tous mes efforts, il devenait évident que ce cercle vicieux ne conduisait qu'à une impasse, car rien n'était jamais suffisant pour apaiser son insatisfaction chronique et son manque d'amour-propre.

La vérité amère est que même lorsque nous nous investissons au-delà de nos limites pour satisfaire ces individus toxiques, cela demeure un effort vain. Leur appétit émotionnel est tout simplement impossible à contenter.

Prendre la décision de mettre un terme à cette relation dangereuse en dénouant tous les liens qui me liaient à elle était une démarche essentielle pour me préserver. À l'époque, je n'avais pas conscience de donner à cette personne le pouvoir de me nuire, mais en réalité, c'était une conséquence de mon manque d'estime personnelle.

Mon âme avait émis des alertes dès le début, des signaux intuitifs que j'avais délibérément choisi d'ignorer. En négligeant ces avertissements de ma conscience, j'avais autorisé son intrusion dans ma vie, sacrifiant mon bien-être au nom d'une relation néfaste.

Il est tragique de constater combien de personnes sont prises au cœur de relations comme celles-ci. Ces comportements destructeurs ont des conséquences terribles. La meilleure chose à faire, la meilleure défense, reste l'autoprotection. La conscience profonde de sa propre valeur émerge comme une arme puissante contre l'emprise de ces individus toxiques. Il est essentiel de ressentir cette valeur au plus profond de soi, car cette certitude intérieure peut servir de rempart face à leurs attaques dévastatrices.

Ce type de relation dépasse les désaccords habituels et la transforme en un champ de bataille émotionnel où la victime se retrouve souvent piégée dans une toile de manipulation psychologique. Pourtant, il est important de reconnaître que chacun de nous, à un moment ou à un autre, peut adopter des comportements toxiques sans forcément être pour autant fondamentalement mauvais. Ces manifestations peuvent être inconscientes, des projections de nos propres souffrances que nous ne comprenons pas pleinement sur le moment. Il est crucial de comprendre que de telles attitudes ne définissent pas qui nous sommes, mais traduisent plutôt le besoin urgent de guérir nos blessures.

La lucidité et le fait de reconnaître ses torts sont des clés majeures pour évoluer au-delà de ces schémas. Par exemple, dans mon passé, j'ai pu avoir des comportements inadaptés avec certaines partenaires, et les ai blessées involontairement. Mais la prise de conscience et l'acceptation de cette réalité ont été les premiers pas vers une transformation personnelle profonde.

Affirmer que l'amour ne fait pas souffrir serait mentir. La douleur est une composante inévitable des relations amoureuses, mêmes les plus saines. La souffrance et le bonheur sont inextricablement liés dans le tissu de notre existence. C'est ce qui nous rend vivants. Dans une relation équilibrée, la douleur n'est pas évitée, mais plutôt abordée de front. C'est un catalyseur d'apprentissage, une force qui nous pousse à grandir. La solution réside dans la manière dont nous choisissons de faire face à ces moments difficiles. Dans des rapports normaux, les partenaires décident d'affronter ces épreuves ensemble. Ne vois pas la souffrance comme quelque chose de négatif. Bien que difficile à vivre, elle peut être le terreau fertile d'événements positifs. Les moments compliqués deviennent des opportunités d'apprentissage et de croissance qui forment un cycle dynamique dont nous tirons des bénéfices.

Dès les premiers pas de ma transition, et même plusieurs années après, préserver mon amour-propre n'était pas ma priorité. Naviguer à travers ces expériences, nées de la discordance entre mon identité intérieure et le corps qui m'avait été assigné à la naissance, s'avéra être un parcours complexe, je ne peux le nier.

Chaque être humain, cisgenre ou transgenre, porte en lui son histoire, ses blessures. Se sentir légitime, qui que l'on soit, devient un pilier essentiel dans l'exploration identitaire. Et, parfois, le défi devient plus ardu lorsque l'on se retrouve, comme moi, en position d'illégitimité à subir les paroles humiliantes d'une personne qui cherche à nous nuire. Ce déficit d'amour-propre a le pouvoir de semer des graines de peur dans notre esprit. Ces craintes, si elles ne sont pas exprimées ou prises en compte, peuvent rapidement proliférer et prendre le contrôle. Lorsqu'elles deviennent les architectes de nos pensées, elles dénaturent notre perception du monde et nous influencent. Il est crucial de reconnaître ces peurs et de les confronter avec courage et sagesse. Une prise de conscience profonde constitue le point de départ pour restaurer l'équilibre.

Lorsque deux individualités se rencontrent, il n'est pas toujours aisé de trouver l'harmonie et de comprendre le fonctionnement de chacun. Dans le cadre de ces rencontres, la transidentité, sans aucun doute, peut susciter des appréhensions chez beaucoup. Bien sûr, il y a des conséquences à être avec une personne transgenre, comme savoir si on pourra le soutenir dans son parcours de transition complexe ou encore supporter les regards hostiles de l'extérieur. Porter sur ses épaules la violence que la société inflige aux êtres « différents » peut rendre difficile la projection d'un futur avec une personne transgenre. Alors, oui, la transidentité s'avère être un chemin complexe à parcourir, mais il devient plus facile grâce à une communication ouverte et sincère. En tant que personnes transgenres, il est important de se confier ouvertement sur nos expériences et ressentis, pour permettre à notre partenaire de mieux comprendre notre réalité. S'ouvrir sur ses peurs, ses espoirs, ses rêves, mais aussi sur ses inquiétudes et ses incertitudes, crée un pont entre deux âmes. C'est un échange où chaque voix est entendue, où chaque expérience est validée, où chaque émotion est honorée.

Être en couple avec une personne transgenre, c'est créer un espace où chacun peut être pleinement soi-même, c'est un acte de résistance et d'amour, un rappel puissant que, quel que soit le genre, chaque individu mérite d'être aimé, accepté et célébré pour qui il est.

Chaque chapitre de notre vie, chaque relation que nous traversons, s'inscrit comme une opportunité merveilleuse de plonger dans les profondeurs de notre être. Ces liens, loin d'être de simples rencontres fortuites, se transforment en des enseignements cruciaux lorsque nous décidons de les considérer comme des phares, plutôt que comme des obstacles.

À travers ces relations, l'exploration de moi-même s'est élargie bien au-delà de ma transidentité, touchant le cœur de mon humanité. Chaque expérience a été une invitation à la progression, invitation que j'ai honorée avec une profonde gratitude et une reconnaissance pour le chemin déjà parcouru. Les relations humaines deviennent ainsi des toiles sur lesquelles sont projetées nos émotions, nos découvertes, chacune devient un miroir réfléchissant les nuances parfois agréables, parfois déplaisantes, mais toujours révélatrices de notre nature profonde. Elles nous incitent à devenir l'humain que nous sommes destinés à être.

J'ai compris que pour attirer la femme à laquelle je rêvais depuis toujours, je devais établir en moi une fondation solide qui me permettrait de bâtir une connexion authentique avec elle. Une certitude demeurait : je ne devais pas attendre cette femme pour commencer à m'aimer.

13
La lumière revient toujours

Après avoir assimilé ces leçons, j'étais enfin prêt à les appliquer. Les compteurs étaient à zéro, à présent. Je me tenais au milieu de cette maison vide, confronté à la réalité la plus crue. Dans cette bulle, j'apprenais à déconstruire tous ces mécanismes d'appréhension et de protection qui avaient longtemps rythmé ma vie. Chaque instant devenait une redécouverte, comme prendre un café sans être écrasé par un regard de mépris ou réapprendre à agir librement sans crainte que le moindre de mes gestes me soit reproché.

Une métamorphose intérieure s'opérait. C'était comme si les énergies vitales avaient trouvé un nouveau cours en moi. Ressentir à nouveau pleinement ma force intérieure me redonnait confiance en moi. Les actions qui faisaient vibrer mon âme, qui éveillaient une flamme en moi, retrouvaient leur place dans ma vie. Je m'autorisai à explorer, à créer, à entreprendre avec une intensité nouvelle. C'est comme si j'avais retrouvé la clé qui ouvrait la porte de ma liberté.

Lorsque j'eus la révélation de ma transidentité à dix-huit ans, je compris que cette illumination venait avec une responsabilité. Il m'avait fallu d'abord parcourir mon propre chemin, avec ses hauts et ses bas, ses découvertes et ses défis, pour ensuite être en mesure d'ouvrir une voie pouvant aider d'autres personnes. En explorant ma propre transition, je pus me sentir légitime pour guider et inspirer ceux qui étaient dans la même situation que moi. Chaque pas de mon propre cheminement avait renforcé ma conviction que transmettre ces enseignements et ces perceptions était ma mission. À vingt-cinq ans, je ressentais que j'avais la capacité de venir en aide aux personnes qui, comme moi à cet instant, cherchaient une boussole dans leurs parcours de transidentité.

Après deux années de transition, je commençai à répondre aux questions sur les réseaux sociaux sur la transidentité, offrant mon expérience, mes perceptions et mes connaissances pour soutenir ceux qui en avaient besoin. C'était un des ancrages qui me permettait de garder la tête hors de l'eau, même lorsque je traversais une expérience négative. Bien que cela ne fût pas toujours simple, car je devais surmonter mes propres démons liés à mon image, ma motivation était grande. Ce but, celui d'aider les autres, s'ancra en moi et évolua au fil du temps. Dès que je commençai, je ne pus plus jamais arrêter.

À côté de cela, une autre réalité émergeait. Ma relation avec Alissa avait profondément impacté non seulement ma santé mentale, émotionnelle et physique, mais aussi mon entreprise. Je pris la décision de reprendre cette activité, en travaillant directement depuis chez moi. Pendant cette période, le miroir me renvoyait le reflet d'un corps affaibli, marqué par la perte de poids. Mon visage s'était creusé, ma barbe n'était pas entretenue, mais dans mes yeux persistait une lueur qui me donnait la force de redresser la barre pour ne plus me laisser sombrer. Dans mon passé, l'hygiène de vie avait toujours été une priorité et je devais poursuivre dans cette direction.

C'est ainsi que je recommençai à m'alimenter et à dormir suffisamment. J'aimais me lever à 4 heures du matin, à une heure où le monde semblait encore endormi, cela me permettait de savourer un café et un petit-déjeuner tout en écoutant des affirmations positives. C'était mon rituel de préparation pour commencer la journée de la meilleure des manières. Je recommençai le sport chez moi, une fois par jour, repris soin de ma peau, appris à véritablement savourer les moments du quotidien comme une simple douche, ressentant le calme dans mon esprit. Le soir, avant de me coucher, j'inscrivais dans mon carnet de gratitude les événements du jour pour lesquels j'étais reconnaissant. Même si en apparence je me retrouvais seul dans cette maison vide, je ne l'étais pas vraiment. Je pris conscience que derrière tout ce que je venais de traverser, ma foi ne m'avait jamais quitté. Je savais que si tout cela avait lieu, c'était pour une bonne raison et que je possédais les ressources pour traverser et sortir victorieux de cette épreuve. Chaque défi relevé devenait une pierre supplémentaire à l'édifice de ma confiance en la vie et en mes propres capacités. Ma foi était une lumière persistante qui éclairait les ténèbres de l'incertitude et me guidait dans les heures sombres.

La foi est propre à chacun et j'estime qu'il n'existe pas de vérité absolue. Certains croient en un dieu, d'autres en plusieurs divinités, tandis que d'autres encore appuient leur spiritualité sur la nature, l'univers ou la conscience divine. Et si, finalement, chaque foi était reliée, as-tu envisagé cette possibilité ?

En tout cas, c'est ma conviction. Je pourrais vivre des expériences au sein de chaque religion ou croyance, quelle qu'elle soit, et ressentir cette connexion profonde. Pour moi, la spiritualité transcende les différences de perspectives. Car au fond, chaque être humain, peu importe sa religion, ses origines, son genre ou encore son orientation sexuelle, est connecté aux autres membres de l'humanité. Nous sommes tous liés.

* * *

J'avais conscience des choses sur lesquelles je devais travailler en moi-même, mais aussi des éléments que je devais guérir. Plus les semaines passaient, plus je gravissais cette montagne, et plus je me sentais en paix. Je voyais et ressentais les effets positifs de ce travail mis en place.

Parfois, les émotions me submergeaient et j'accueillais ces moments avec douceur, je me répétais qu'un jour tout cela serait derrière moi et que tout irait bien. J'avais le droit de ressentir et de vivre pleinement ces émotions, car elles étaient légitimes et méritaient d'exister. Je me souvenais que même en tant que héros de ma propre histoire, j'avais des failles, et j'acceptais cette vulnérabilité.

Le travail le plus conséquent a été de m'aimer inconditionnellement en tant qu'homme transgenre. Je l'avais accepté puisque j'avais entamé un parcours de transition, mais je n'aimais pas encore pour autant cette part de moi. C'est pourquoi le lien avec mon ancien corps, mon ancienne vie, n'était pas établi, et l'amour ne circulait pas. Il était essentiel de rétablir ce lien, de ressentir de l'amour pour chaque partie de mon être. Ma perception erronée était alimentée par des idées négatives telles que « je suis une erreur de la nature ». Déconstruire ces croyances solidement ancrées n'était pas une tâche aisée. Cela impliquait de remettre en question deux décennies de perceptions fausses et d'accepter pleinement ma véritable essence. Le processus était comparable à démanteler un vieil édifice pierre par pierre, pour reconstruire une vision de soi et du monde plus authentique.

Au fil des décennies, la transidentité a été stigmatisée et perçue comme une anomalie, dans un monde où notre vision était étroitement encadrée par une éducation rigide et des normes binaires strictes. Ces idées, solidement enracinées, nous ont enseigné que la diversité humaine se limitait à une dualité de genres, définie uniquement par nos corps physiques. Mais, au cœur de cette définition rigide, une question émergeait inévitablement : que représente notre enveloppe charnelle sans la présence de notre âme ? N'est-elle pas réduite à une coquille vide ? Je restais moi-même prisonnier de cette conviction binaire : le corps et l'esprit peuvent-ils vivre chacun une vie propre, différente ? Cela pesait sur mes épaules. L'idée d'être une erreur m'avait envahi bien souvent, mais une vérité personnelle, bien plus forte, m'avait guidé vers mon parcours de transition. Cela avait été une décision audacieuse, mais surtout nécessaire pour rétablir l'équilibre entre mon corps et mon âme. Une étape cruciale dans mon parcours d'acceptation fut de reconnaître et d'accepter que je ne serais jamais un homme cisgenre. Cette prise de conscience, bien qu'au départ difficile, me libéra des contraintes étroites de la binarité biologique traditionnelle. Je compris que notre monde, la richesse infinie de la diversité humaine, ne pouvaient pas être classés dans des groupes définis par la biologie et la science. Cela a été une révélation libératrice, m'offrant la possibilité de transcender les catégories préconçues et de m'épanouir en tant que personne unique. C'est à ce moment que je pus embrasser ma singularité, celle d'un homme transgenre, dépassant les frontières des genres établies par la société. C'était une invitation à explorer les nuances infinies de mon identité, à laisser de côté les conventions étroites et à célébrer une humanité riche et variée.

Toutefois ce ne fut pas de tout repos. L'exploration intérieure exigea un long voyage pour démanteler complètement ces préjugés, pour rompre les chaînes d'une pensée binaire. Je devais descendre de ce piédestal érigé pour l'homme cisgenre, que j'avais moi-même participé à bâtir. Cela était une nécessité, un acte de libération face aux illusions qui m'avaient maintenu dans une position hiérarchique artificielle. Je percevais les hommes cisgenres comme chanceux de naître dans un corps aux caractéristiques biologiques qui correspondaient à leur identité de genre. Ils n'avaient pas à entreprendre un traitement hormonal à vie ni à subir des interventions chirurgicales. Ces aspects naturels de leurs existences me semblaient un privilège, tandis que je devais parcourir un chemin complexe pour prétendre au même résultat. Cette injustice provoquait en moi un sentiment d'infériorité et d'illégitimité quant à mon identité.

Pour surmonter ces émotions et rétablir l'équilibre intérieur, il devenait impératif de reconnaître toutes mes ressources, de valoriser mon parcours, et d'élever ma perception de moi-même en tant qu'homme transgenre. Bien que nous fussions tous les deux des hommes, certaines de leurs expériences me seraient à jamais inaccessibles, tout comme certaines de mes expériences, perceptions, ressentis leur échapperaient toujours.

Naître transgenre ne constituait pas une anomalie, mais était ma destinée.

Certes, d'autres voies auraient pu être empruntées, j'aurais pu faire le choix de ne pas entreprendre un parcours de transition de genre, mais en choisissant de tracer ma propre route, j'avais délibérément opté pour une vie pleine et affranchie.

Je tirais une fierté particulière de mon passé, de mon histoire, car malgré les épreuves, je n'avais jamais cédé, jamais renoncé. J'avais chuté à maintes reprises et je chuterais encore, mais à chaque fois, une flamme intérieure ardente m'avait soutenu et permis de me propulser, guidé par un insatiable appétit de vivre.

C'est dans ce moment qu'une vérité m'apparut : sans ma transidentité, certaines facettes de ma vie, des expériences précieuses, des enseignements, des perceptions, m'auraient été inconnus. Je pris conscience que malgré les souffrances qu'elle avait engendrées, ma transidentité représentait une force qui attendait patiemment le moment propice pour se révéler. Pour y accéder, je devais traverser ces épreuves.

Je pris conscience de l'importance d'honorer ce corps que j'avais si longtemps détesté, même si ma transition médicale n'était pas encore terminée. Je cessai de me dénigrer et de me dévaloriser constamment, me parlant avec plus de douceur. Je compris réellement que cette enveloppe charnelle, petit à petit, s'alignait avec mon essence profonde. Je faisais la paix avec lui. Mon corps et moi formions maintenant une véritable équipe. Je ne cherchais plus à le détruire, et il était temps de le regarder, de prendre conscience de lui, et surtout de lui donner tout l'amour qu'il méritait. Ma transidentité m'avait plongé dans une guerre contre lui, mais aujourd'hui elle était révolue. Il était temps de célébrer la victoire.

Je me sentais de mieux en mieux tant sur le plan psychique que physique. Pour la première fois, je prenais conscience de l'importance de mes actions extérieures sur mon monde intérieur, et de la réciproque. Je continuai à agir dans ces deux dimensions, comprenant que cette synergie me permettrait de trouver bonheur et paix.

Si tu es concerné par la transidentité, sache que ce n'est en aucun cas une erreur de la nature ni le résultat de l'éducation ou des choix de tes parents. Personne ne peut agir sur la transidentité. Il est possible que tu perçoives actuellement cela comme une épreuve, te rappelant chaque jour ta différence. Mais tu as le pouvoir de choisir.

Tu as la possibilité de regarder au-delà des difficultés, de transformer ce que tu considères comme une faiblesse en une force. Embrasser pleinement ta transidentité est un premier pas dans cette direction.

Pour cela il faudra guérir tes blessures, déconstruire des croyances ancrées depuis des années, et entamer un processus de reconstruction authentique en tant que personne transgenre. Chaque phase de ta vie, le passé, le présent, ou le futur, mérite d'être baignée d'amour pour te permettre d'accéder à la paix.

J'avais perçu ma transidentité et mon passé dans ce corps comme quelque chose de mauvais, de destructeur, mais j'avais tort. En agissant de la sorte, j'excluais une partie de ma vie, une partie de moi. Car un puzzle ne peut être complet s'il manque une pièce. Si dans le présent le lien d'amour est coupé, sache que tu peux revenir en arrière pour le rétablir, car autrement il n'aura pas suffisamment de puissance pour se poursuivre vers le futur.

La seule personne qui a le pouvoir de prendre conscience de cela et d'agir en conséquence, c'est toi.

* * *

Alors que j'avais quitté le domicile familial très jeune, conscient que rester dans cet environnement ne serait bénéfique ni à ma mère ni à moi-même, les circonstances m'avaient conduit à vivre à nouveau avec elle.

Ma mère et son compagnon avaient décidé qu'elle quitterait le logement qu'elle occupait depuis de nombreuses années pour s'installer chez lui. Je savais qu'elle était toujours en proie à la spirale infernale de l'alcool. Rien n'avait réellement changé, et les choses semblaient suivre la même trajectoire. Mais, au fond de moi, une certitude était née : cela allait prendre fin.

J'étais prêt à replonger dans cette boucle, à me rapprocher d'elle comme au début de ma vie, mais cette fois-ci avec mes expériences, mon éveil de conscience, et surtout cette connexion authentique d'amour pour toutes les facettes de mon être.

En ouvrant mon cœur à l'amour inconditionnel, j'avais observé un changement profond dans ma façon de percevoir les autres. Dans le passé, j'étais obsédé par l'idée de la sauver à tout prix, mais j'avais enfin compris que c'était impossible. La décision de se sauver appartenait uniquement à la personne concernée. J'avais pris conscience que la lutte que ma mère menait depuis plus de trente ans traduisait indirectement son désir de s'en sortir. Même si ses comportements et actions semblaient indiquer le contraire, elle était simplement perdue, incapable de discerner la lumière au milieu de tout ce chaos.

C'est ainsi qu'ils vinrent vivre dans la maison dans laquelle son compagnon m'avait autorisé à prendre refuge après ma rupture. Son conjoint partait chaque matin avant l'aube pour aller travailler, revenant en début de soirée, laissant à ma mère et moi toute la journée pour gérer notre quotidien. De mon côté, je m'installai dans ma chambre pour travailler sur la reconstruction de mon entreprise, cherchant à remettre sur pied un projet professionnel qui tenait la route.

Pendant ce temps ma mère faisait de son mieux pour se rétablir lentement.

Les débuts ne furent pas simples, car l'homme qui partageait sa vie avait aussi un problème avec l'alcool. Il ne passait pas un seul jour sans boire et entraînait ma mère sur la même pente. Depuis notre première rencontre, j'avais perçu qu'il ne lui était pas bénéfique. Tous deux s'enfermaient dans leurs souffrances et s'entraînaient dans ce cercle vicieux.

Plusieurs mois s'écoulèrent ainsi, me replongeant dans mon passé. Quand j'étais enfant, la colère et le chagrin m'envahissaient face à la souffrance de ma mère, vingt ans plus tard, bien que cela me touchât profondément, mes sentiments avaient évolué. Je ressentais une compassion infinie, comprenant qu'elle avait toujours été seule face à ses démons.

Lorsqu'elle était ivre, je descendais parfois de ma chambre et m'efforçais de communiquer avec elle, car dans ces moments-là, elle baissait la garde. Souvent, elle exprimait les douleurs de son passé que je connaissais déjà par cœur, mais que je redécouvrais d'une autre manière. Je l'écoutais sans jugement, lui apportais mon soutien et lui présentais des perspectives différentes.

J'éprouvais un grand bonheur à partager ces moments précieux avec elle où nos conversations se terminaient par de tendres embrassades, accompagnées de phrases rassurantes telles que : « Tu vas y arriver, je te le promets. » Je percevais alors une lueur d'espoir dans ses yeux, une petite avancée vers une autre lumière.

Je savais qu'il fallait laisser le temps agir, œuvrer chaque jour pour qu'elle décide d'elle-même d'emprunter le chemin de la guérison. Ce désir de changement devait émaner d'elle-même. Cela dit, je m'efforçais d'apporter de la lumière autour d'elle. Par exemple je lui faisais découvrir le plaisir de chanter à tue-tête en faisant le ménage, transformant cette tâche en un moment de légèreté et de rire. Je lui proposais aussi de profiter des beaux jours en nous installant à l'extérieur pour lire, ou encore je lui offrais des sessions de coiffure, en lui faisant des boucles pour raviver son plaisir de prendre soin d'elle-même.

Je l'introduisais également à la méditation et aux affirmations positives, en lui expliquant les bienfaits de ces pratiques sur le bien-être mental et émotionnel. Mon objectif était de lui présenter de nouvelles perspectives et outils pour l'aider à se sentir mieux. Lorsque je voyais qu'elle traversait des moments difficiles, je mettais de côté tout ce que je faisais pour lui offrir une écoute attentive. Nous passions des heures à discuter de ses peines, de ses douleurs et de ses maux. Ces échanges étaient parfois éprouvants, car les souffrances se libéraient, mais chaque moment se concluait par un sourire réconfortant et un câlin plein d'amour, jusqu'à ce qu'elle ait de nouveau besoin de parler.

Chaque petite victoire, c'est-à-dire chaque fois qu'elle parvenait à manger un peu plus, chaque moment où elle restait sobre, chaque sourire qu'elle affichait, chaque instant où elle retrouvait le plaisir de vivre, était célébrée, lui rappelant combien ce qu'elle venait d'accomplir était positif.

Il était crucial de travailler sur son estime personnelle, car toute sa vie, elle s'était dénigrée, avait été victime d'humiliations et de violences. Le monde extérieur l'avait condamnée, lui faisant croire qu'elle n'avait pas les ressources nécessaires pour s'en sortir, qu'elle n'y arriverait jamais. Je comptais bien tout faire pour qu'elle se rende compte qu'elle en était capable.

Dix ans en arrière quand le médecin lui avait annoncé qu'elle allait mourir d'un cancer, ma famille pensait également qu'elle n'en réchapperait pas, certains affirmaient même que c'était la suite logique de son alcoolisme, qu'il n'y avait plus rien à faire. Leur pessimisme m'avait au contraire inoculé la rage de leur prouver qu'ils avaient tort, que ma mère était bien plus puissante qu'ils ne l'imaginaient. Tous s'arrêtaient à la surface de son être sans se rendre compte de sa grande profondeur. Alors, je n'hésitais pas à lui rappeler toutes les épreuves qu'elle avait traversées avec succès. Pour qu'elle puisse se reconnecter à sa propre lumière, elle devait raviver ses braises intérieures et les transformer en un feu ardent.

Chaque être humain, peu importe où il en est dans sa vie, possède des braises intérieures qui ne s'éteignent jamais. En soufflant dessus, tout peut changer. Nous vivons dans un monde où les gens ont tendance à juger et à rabaisser ceux qui se trouvent en difficulté, les condamnant ainsi à ne jamais s'en sortir. En vérité, c'est une fuite pour ne pas faire face à leurs propres démons intérieurs. Se sentir supérieur aux personnes perdues dans leur chaos est, pour moi, un acte de lâcheté et d'inhumanité, car personne n'est à l'abri de naviguer un jour dans ces mêmes eaux troubles. Ces personnes sont simplement dans le déni. En jugeant et en condamnant autrui, elles cherchent inconsciemment à masquer leurs propres failles. C'est une manière de détourner l'attention de leurs luttes intérieures en pointant du doigt les échecs des autres. En réalité, cette attitude reflète leur propre besoin de guérison et d'acceptation.

* * *

Mes journées étaient rythmées par deux objectifs essentiels : veiller à ce que ma mère retrouve sa lumière intérieure et trouver ma voie.

Je continuais d'aider les gens sur les réseaux sociaux, je répondais à leurs questions, je diffusais mes réflexions sur la toile. Cette activité me faisait vibrer. Chaque soir, je m'endormais avec un profond sentiment de bien-être, de satisfaction et de gratitude. J'étais enfin engagé sur le bon chemin, me remémorant la vision que j'avais eue à dix-huit ans, quand je m'étais vu en train de guider les autres. Cette pensée me faisait sourire, car bien que cette projection m'eût effrayé à l'époque, je m'étais préparé au fil des années, et je continuais de me préparer chaque jour, pour pouvoir enfin sauter le pas et accomplir ma destinée.

J'avais pris l'initiative d'organiser des conférences en ligne gratuites et accessibles à tous, chaque mercredi soir, autour de la transidentité pour venir en aide à ceux qui en ressentaient le besoin, qui avaient des questions ou qui voulaient simplement en apprendre davantage sur la question. Pendant plusieurs mois, je rencontrai un grand nombre de personnes de toutes générations et venant de divers horizons, de près ou de loin concernées par la transidentité et qui s'interrogeaient sur le sujet. Ces conférences étaient très intenses. Certes, nous étions réunis autour du thème de la transidentité, mais c'est dans notre humanité que nous nous connections.

Très vite, j'eus une prise de conscience : mon travail dans le domaine du bien-être ne me faisait plus vibrer. Je savais que je voulais proposer une aide aux personnes transgenres, car c'est une aide que, moi-même, j'aurais aimé trouver durant mon parcours. Passionné par l'éveil de la conscience et le développement personnel, je décidai de me lancer. Je pris les quelques économies que j'avais de côté et les investis dans la création du TGC, le TRANSGREATCLUB, un groupe d'accompagnement, de développement personnel et de soutien pour les personnes transgenres. J'abandonnai mon autre travail et me lançai pleinement dans ce qui me passionnait.

C'est ainsi qu'en 2021, je créai la première structure en ligne dédiée à ce type d'accompagnement, dont le but était de les seconder dans la libération de leur être authentique pour pouvoir se connecter à leur propre lumière.

Préparant avec minutie des coachings sur mesure, je m'ancrais dans l'essence même de la vie : l'amour de soi. Ces séances hebdomadaires nous permettaient d'explorer les recoins de la conscience, du développement personnel et de la transidentité. Chaque jour, nos conversations permettaient des échanges spontanés, où les victoires étaient célébrées et où étaient tirées des leçons des chutes évoquées.

Dans ce sanctuaire d'humanité, je compris que ceux qui suivaient le chemin du TGC se trouvaient à l'exacte intersection où je me tenais il y a des années, égaré, terrifié, cherchant désespérément des ressources pour avancer. C'est pourquoi je m'investis corps et âme dans cet accompagnement.

Le sublime réside pour moi dans cette merveilleuse boucle du temps, car trois années plus tard, ceux qui ont rejoint le TGC à ses débuts transmettent à leur tour l'espoir aux nouveaux arrivants. Il n'y a rien de plus extraordinaire que de réaliser l'impact profond que chaque individu peut avoir sur un autre, simplement en étant fidèle à lui-même. C'est une danse magique où la lumière intérieure se reflète et se démultiplie, illuminant le chemin de ceux qui cherchent encore leur propre clarté. C'est là que réside la véritable puissance de la connexion humaine.

Lors de la création du TGC, je m'entourai de professionnels chevronnés du monde des affaires pour établir une structure solide pour le lancement. Le projet déclenchait l'enthousiasme de mes partenaires jusqu'à ce que soit abordé l'aspect financier, celui du tarif pour accéder au TGC. Bien que conscient du temps et de l'énergie que cela me demanderait au quotidien, je refusais de rendre l'accès au TGC inabordable financièrement. Cette exigence créa une inquiétude chez ces professionnels. Ils m'informèrent que maintenir un prix aussi bas pour toute la valeur ajoutée équivaudrait à se tirer une balle dans le pied. Je résistai à leurs pressions, car le TGC n'était pas conçu comme un moyen de construire mon indépendance financière.

La décision de créer le TGC marqua un tournant à 360 degrés dans ma vie. C'était comme plonger une nouvelle fois dans l'inconnu, sans parachute, guidé par la conviction profonde que c'était la voie que je devais suivre. Ce virage ne représentait pas simplement un changement de cap, mais une métamorphose totale. C'était la voie vers laquelle mon destin m'appelait.

* * *

Au cœur de cette effervescence, ma mère suivait une trajectoire sombre, après avoir remonté légèrement la pente, son état se détériorait à nouveau. Elle semblait s'enfoncer dans l'obscurité, fermée à toute conversation, noyée dans ses propres souffrances. Le compagnon de ma mère buvait de son retour à la maison à son coucher. Quand il allait dormir, c'était à moi d'intervenir. Je récupérais toutes les bouteilles pour les ranger dans ma chambre, verrouillant ensuite la porte à clé avant de quitter la maison. Agir ainsi ne me plaisait pas, mais je reconnaissais que je n'avais pas d'autre choix. La tentation aurait fatalement conduit ma mère à succomber, alimentant ainsi ses souffrances et aggravant son état déjà si fragile.

Sa santé déclinait rapidement, et s'alimenter devenait son défi. Elle semblait s'éteindre progressivement, sa maigreur la contraignait à porter des sous-vêtements pour enfants. Je me sentais totalement impuissant face à l'état dans lequel elle s'enfonçait. Devant son état clinique préoccupant, et n'ignorant rien de son passé médical, je fis venir un médecin qui posa un ultimatum : sans reprise d'une alimentation normale, elle signait son retour à l'hôpital. Il lui laissait une semaine pour réagir.

Refusant d'être à nouveau hospitalisée, ma mère se remit à manger de façon plus régulière. Cependant, une barrière invisible semblait entraver ses progrès et la faisait reculer. Cette fois, il était impensable de rester inactif ou de m'éloigner. J'étais déterminé à l'aider, mais d'une manière radicalement différente. Je compris que cohabiter avec un compagnon alcoolique ne pouvait que lui être néfaste. Bien que je lui fusse reconnaissant de nous offrir un toit, je voyais clairement que son comportement délétère déteignait sur ma mère. Je ne pouvais pas lui interdire d'apporter de l'alcool à la maison, car après tout, il était chez lui, mais ma mère n'était plus en mesure de prendre des décisions éclairées pour son bien-être, et c'était à moi de la protéger.

Progressivement, je dressai une barrière entre eux deux, lui faisant prendre conscience que cette situation n'était plus tenable. Je mis en place des stratégies pour la protéger contre lui et elle-même, ainsi chaque soir lorsqu'il rentrait, je descendais rapidement de ma chambre où je travaillais, et comme il avait l'habitude de proposer un verre à ma mère, ma présence l'en empêchait. J'attendais patiemment qu'il parte se coucher, éloignant toute substance toxique d'elle, même s'il fallait pour cela braver leur mécontentement.

Peu à peu, ma mère retrouvait son énergie. Nous partagions des moments de bonheur simple, comme faire le ménage en écoutant Céline Dion à fond, ou déguster un smoothie de fruits sur la terrasse en plein soleil. Mon objectif était de la faire rire, de la reconnecter à la joie de vivre qu'elle avait perdue. Tandis que ma mère reprenait le chemin vers sa guérison, rien ne changeait du côté de son partenaire, mais il devenait de plus en plus distant. Ma mère se sentait visiblement mieux depuis qu'ils s'éloignaient l'un de l'autre. Cependant, quelque chose n'allait pas. J'avais le pressentiment que cet homme mentait sur de nombreux aspects de sa vie. Malgré son apparence plutôt sympathique, je le soupçonnais d'être un dissimulateur.

Notre existence suivit ainsi son cours pendant un certain temps, en attendant que je puisse mettre de l'argent de côté pour partir. Ma mère ne percevait que le RSA, ce qui limitait nos options. Un soir, après plusieurs jours d'absence, cet homme appela ma mère lui annonçant qu'il avait quelqu'un d'autre dans sa vie et que cette personne viendrait chercher ses affaires. Ma mère réagit avec détachement face à son culot et à son manque de respect. Il ne se doutait pas que sa nouvelle copine allait entrer et discuter avec nous de la situation un peu plus tard. Nous rîmes de la situation, comprenant qu'il venait de se faire prendre à son propre jeu.

J'étais heureux que leurs liens se dénouent, je sentais que s'entrouvrait la porte de la liberté pour ma mère. Deux jours plus tard, il fit couper l'électricité dans la maison. Je m'empressai alors de chercher un appartement pour partir le plus rapidement possible. J'obtins un rendez-vous pour visiter un petit logement F2 non loin de là. Étant entrepreneur, et ma mère ne percevant que le RSA, notre dossier n'était pas des plus solides. Par chance, le propriétaire que nous rencontrâmes était compréhensif. Je lui expliquai notre situation en toute transparence, lui assurant que le loyer serait toujours payé. Il décida de nous faire confiance.

Quel soulagement et quelle victoire ! J'étais si heureux. Ma mère, malgré des inquiétudes légitimes, se sentait un peu rassérénée. Je lui assurais que tout irait bien et qu'elle devait croire en moi.

Je récupérai les clés de l'appartement, appelant mon oncle et mon cousin pour m'aider à transporter nos quelques meubles. Le déménagement fut rapide, en un aller-retour, nos affaires étaient installées dans notre nouveau logement. Ainsi commença une nouvelle vie pour elle et moi. Bien que l'immeuble ne fût pas très bien fréquenté, nous fîmes de cet appartement un véritable cocon.

* * *

Pendant deux ans, dans cet appartement, je partageai avec ma mère les leçons que j'avais apprises et que je continuais d'appliquer dans ma propre vie. Il était crucial pour moi qu'elle comprenne que les épreuves traversées n'étaient pas insurmontables et ne nous piégeaient pas pour toujours, qu'elles n'avaient pas à nous culpabiliser.

Mon objectif n'était pas qu'elle cesse complètement de boire, mais qu'elle puisse reprendre le contrôle sur l'alcool. Pour cela, elle devait guérir les sources profondes de ses maux. Être sevré d'une addiction est une étape difficile qui nécessite d'avoir identifié l'origine de ses blessures et de les avoir apaisées, sans cela le risque de rechute est élevé. Je voulais éviter de la libérer d'une prison pour l'enfermer dans une autre.

Au départ, nous n'avions pas d'alcool à la maison en semaine. Nos moments d'apéritif avaient lieu sans alcool. Chaque jour sans boire était célébré. Le samedi soir, nous partagions une bière, transformant une habitude triste en événement un peu spécial, festif.

Il était également essentiel qu'elle retrouve des forces et reprenne du poids. Passionnée de cuisine, ma mère savait que je devais manger régulièrement et sainement en raison de mon rythme de vie et de ma pratique intensive du sport. Cela la motivait à s'asseoir à table avec moi et nous permettait de réinstaurer des repas fixes dans ses journées. Peu à peu, elle retrouvait même l'appétit, ce qui était une victoire immense.

En parallèle, je lui expliquais l'importance d'un environnement propre et ordonné, soulignant que prendre soin de son espace de vie contribuait à son bien-être personnel.

Bien sûr, la première année, il y eut quelques rechutes. Je pouvais détecter immédiatement quand elle avait bu. Dans ces moments, elle niait en bloc. Je restais calme, expliquant que mentir ne changeait rien pour moi, mais que cela l'empêchait d'avancer. Je l'encourageais en lui disant que reconnaître la vérité était une première étape vers la guérison. Quand elle avouait, je la rassurais, soulignant que les rechutes faisaient partie du processus. Ma mère avait perdu goût en la vie et confiance en elle. Je devais lui faire comprendre que ces qualités ne pouvaient pas avoir complètement disparu. Elle accepta alors de me faire confiance et je lui concoctai une liste d'affirmations positives qu'elle devait réciter chaque jour, au réveil et au coucher. Je lui rappelais à quel point j'étais fier d'elle.

Je l'encourageais aussi à prendre soin d'elle, même si elle fuyait les miroirs. Peu à peu, elle retrouva du plaisir à s'occuper de sa peau et de ses cheveux, demandant même que je joue au coiffeur de temps en temps. Ces moments étaient des signes tangibles de son bien-être renaissant.

Par ailleurs, nous avions mis en place des routines, comme une promenade autour de l'étang près de chez nous où nous nous émerveillions de la nature, ou encore la piscine chaque dimanche matin. Ma mère avait toujours adoré nager, mais elle avait abandonné cette passion depuis longtemps. Les premières séances furent difficiles, mais nous persévérâmes. Je lui faisais comprendre que ces moments étaient pour elle, peu importait le regard des autres.

Ainsi, petit à petit, avec amour et persévérance, ma mère s'engagea sur le chemin de la guérison.

* * *

Après deux années de rituels quotidiens, les bienfaits étaient évidents, je n'avais jamais vu ma mère aussi épanouie. La prochaine étape dans le processus de guérison était de retrouver une vie sociale et professionnelle, une perspective qui la terrifiait après tant d'années de renoncement. Malgré ses réticences, je lui expliquai que cela contribuerait à son retour dans la société. Avec une pointe d'appréhension, elle me fit confiance.

Je l'aidai à préparer son CV et l'accompagnai pour en déposer des exemplaires en différents lieux. Peu de temps après, elle fut contactée pour retravailler dans le même centre médico-social que des années plus tôt. Cette annonce provoqua en elle un mélange d'émotions, entre la joie et la peur. Je lui expliquai que ses craintes étaient légitimes, mais qu'il était crucial qu'elle ne se laissât pas dominée par celles-ci, qu'elle en était capable.

La nouvelle de cette reprise du travail se propagea rapidement dans la famille, suscitant des réactions variées. Certains avaient douté de la capacité de ma mère à surmonter les obstacles, d'autres l'avaient déjà condamnée, mais cette avancée prouvait sa force et sa volonté de changer le cours de sa vie. Chacun peut se sentir inspiré par sa détermination à reprendre le contrôle de son destin. J'étais si fier de ma mère. Pour la première fois, le rêve qui m'habitait depuis si longtemps prenait forme et la réalité transcendait mes espérances.

Chaque matin, ma mère se lançait vaillamment dans son nouveau quotidien, et je structurai mes journées en fonction des siennes. Mon objectif était de veiller à ce que tout soit en ordre à son retour, pour qu'elle n'ait à penser à rien de plus. Chaque fin de journée, elle trouvait notre foyer dans un état impeccable. Mon but était simple : lui donner l'opportunité de se détendre après sa journée de travail. Nous avions trouvé un équilibre harmonieux dans notre vie commune. Pendant ses journées, je prenais en charge les tâches ménagères, tandis qu'elle se consacrait à la préparation des repas du soir et du midi, pendant que je travaillais dans ma chambre. Les week-ends se présentaient comme des moments privilégiés où nous nous partagions les tâches ménagères. Grâce à ces activités quotidiennes, une transformation profonde se produisait en elle. Elle prenait du plaisir à prendre soin de notre intérieur et ressentait le besoin que chaque chose soit à sa place.

Bien entendu, ma mère portait en elle une certaine culpabilité vis-à-vis de moi, et il était évident que notre relation se distinguait de celles qui unissent habituellement les enfants à leur mère. Lorsqu'elle n'était pas bien, lors de ces moments où elle partageait ses remords avec moi, ses sentiments de ne pas avoir été à la hauteur, je lui rappelais qu'il était inapproprié de comparer notre vie à celles d'autres familles. Elle avait traversé des épreuves que tout individu aurait du mal à comprendre, et elle avait simplement fait de son mieux.

Pour moi, elle est une mère extraordinaire malgré les difficultés de notre vie. L'amour, inébranlable, est notre ancre.

Avec ma mère, nous n'en avons jamais manqué. Depuis ma plus tendre enfance, j'ai toujours ressenti un lien intense avec ma mère, au-delà des rôles conventionnels de parent et enfant. Notre relation dépasse la connexion filiale, c'est une harmonie d'âmes. J'ai toujours su qu'un jour, son triomphe serait réel. Aujourd'hui, c'est une réalité.

Elle s'est libérée de l'addiction à l'alcool et a retrouvé le plaisir de l'alimentation, reprenant plus de 15 kg en quelques années. Chaque jour, son estime personnelle et sa confiance en elle croissaient, lui permettant de se sentir enfin libre. À plus de cinquante ans, elle a repris totalement sa place en tant que fille, femme et mère.

Cathy a enfin retrouvé sa lumière intérieure.

* * *

Dans l'obscurité apparente de la vie, il est crucial de se rappeler que rien n'est définitivement perdu, car l'espoir demeure une force puissante. Toute ma vie, j'ai été confronté aux prédictions négatives de ceux qui doutaient que ma mère puisse s'en sortir. Certes, le chemin a été ardu, a demandé du temps, des efforts et un travail intérieur et extérieur considérable, mais l'essentiel est que tout demeure possible. Aucun être humain ne naît en souhaitant devenir dépendant d'une substance destructrice, et les méandres de l'addiction sont souvent le reflet d'âmes en souffrance cherchant désespérément une lueur d'espoir. La compréhension de cette douleur est le premier pas vers la compassion et la connexion.

Les jugements de la société peuvent agir comme des barrières, repoussant ces âmes encore plus loin dans l'ombre, leur donnant l'impression d'être définitivement condamnées. Toutefois, chaque être humain, quelle que soit l'étendue de ses luttes, a la capacité de se libérer et de retrouver sa propre lumière intérieure. Cela exige du temps, de la patience et un soutien compatissant de la part de ceux qui ont connu des batailles similaires.

Chacun, à sa manière, possède le pouvoir de se libérer. En dépit des prédictions sombres, il est possible de surmonter les épreuves, de retrouver la clarté et de se reconnecter à la lumière intérieure.

Nous, en tant qu'individus, avons également le pouvoir de transmettre notre propre lumière, notre force, notre amour à ceux qui en ont besoin. C'est ainsi que, ensemble, nous pouvons illuminer le chemin de ceux qui cherchent à s'échapper des ténèbres.

Avant d'être en mesure de répandre cette lumière auprès de ma mère, j'ai entrepris mon propre voyage intérieur pour me reconnecter à ma lumière. Ce voyage m'a conduit à explorer les recoins les plus profonds de mon être, à démêler les fils de mes expériences et de mes émotions. C'était un périple introspectif où la compréhension de ma propre lumière devenait la clé pour la partager par la suite avec elle.

En plongeant dans cette exploration, j'ai découvert des facettes de moi-même que je n'avais pas encore explorées. C'était un voyage parfois difficile, mais essentiel pour comprendre mes propres forces et faiblesses, mes blessures et mes triomphes. La reconnexion à ma lumière était un préalable nécessaire pour offrir à ma mère le soutien et l'éclat dont elle avait besoin pour transcender ses propres ténèbres.

En me comprenant mieux, j'ai pu la comprendre davantage, créant ainsi ce pont de lumière entre nous. C'était comme si je puisais dans ma propre source de lumière pour éclairer le chemin qui mènerait ma mère vers la sienne.

C'est grâce à elle que j'ai appris que la capacité à guider les autres vers la lumière commence par une compréhension authentique de notre propre lumière intérieure. En embrassant et en cultivant cette lumière en nous, nous devenons des canaux plus puissants pour éclairer les chemins et les vies de ceux qui pensent être condamnés à marcher dans l'obscurité.

* * *

Pendant ces années passées aux côtés de ma mère, ma relation à moi-même continua à s'apaiser jusqu'à atteindre une forme d'équilibre et d'harmonie, et ce, en dépit de mon attribut sexuel qui ne correspondait pas à mon identité de genre. Cela faisait désormais plus de cinq ans que j'étais sous traitement hormonal.

Au début, les douleurs aux ovaires étaient rares, mais au fil du temps, elles se sont faites de plus en plus fréquentes, surtout à la fin de chaque cycle d'injection lorsque la testostérone présente dans mon corps était presque épuisée. Les élancements ressentis dans le bas de mon ventre étaient bien plus intenses que lorsque j'avais mes règles. Les années de traitement peuvent avoir des répercussions, c'est pour cela qu'il est important d'avoir un bon suivi de sa santé en général en particulier pour détecter l'apparition d'éventuels kystes.

Bien sûr, j'avais songé il y a quelques années à l'hystérectomie, opération au cours de laquelle une ovariectomie est effectuée et l'utérus retiré. Lorsque je me rendis chez mon médecin pour évoquer cette possibilité, il m'expliqua qu'avant de subir cette intervention, je devais préserver mes ovocytes, une étape cruciale si je souhaitais un jour avoir des enfants. Il souligna que cette préservation était actuellement possible en France, compte tenu du « F » figurant encore sur ma carte d'identité.

Lorsque je lui demandai ce qui se passerait si je changeais de genre dans quelques années, sa réponse fut sans appel, une fois la mention « M » apposée sur mes papiers d'identité, mes ovocytes ne m'appartiendraient plus, et je serais considéré comme un homme stérile n'ayant plus accès qu'aux dons de spermatozoïdes. Cela me révolta.

En France la méthode ROPA n'existe pas et je le déplore. Elle permet à un homme transgenre de transmettre ses ovules à sa compagne pour qu'elle porte l'embryon issu de la fécondation *in vitro*. Malgré l'optimisme du médecin quant à sa possible introduction dans le pays, mes incertitudes persistaient, et je ne parvenais à me décider à préserver mes ovocytes en France.

Je me renseignai alors sur les lois en vigueur dans d'autres pays, notamment en Espagne. Un homme transgenre que je comptais parmi mes connaissances me guida à travers les procédures, me révélant des coûts avoisinant 7 000 à 10 000 euros pour la préservation des ovocytes, auxquels s'ajoutaient des frais annuels et les futurs coûts liés à la méthode ROPA, estimés à environ 5 000 euros.

De telles sommes n'étaient pas envisageables pour moi dans l'immédiat. Je devais mobiliser tous les moyens nécessaires pour réunir ces fonds avant de pouvoir envisager l'hystérectomie et mettre fin aux douleurs utérines que je ressentais, mais cela prendrait du temps. C'était une réalité difficile à accepter, mais peu importait, j'étais déterminé à ne pas avoir de regrets.

Il est essentiel de comprendre que dans un parcours de transition médicale, rien n'est obligatoire. En réalité, une personne transgenre n'est pas contrainte de suivre une transition médicale si elle n'en ressent pas le besoin. Il est aussi important de souligner que la transidentité ne se limite pas à une dualité stricte entre homme et femme. Les personnes non binaires peuvent se définir en dehors de ces deux classifications traditionnelles et adopter des identités de genre fluides, agenres, bigenres, ou autres. Elles peuvent ressentir leur identité de genre de manière fluide, changeante, ou immuable, et leur expression de genre peut varier en fonction de différents contextes et moments de leur vie.

Il est crucial de noter que chaque personne a une histoire unique et une identité de genre qui lui est propre. La reconnaissance du spectre de la transidentité, avec ses multiples nuances, permet de créer un monde inclusif où chacun peut s'exprimer authentiquement et être respecté dans son identité de genre.

Les personnes transgenres ont des parcours de transition médicale variés. Le recours à un traitement hormonal n'est pas une obligation, et les choix sont diversifiés. Certains peuvent opter pour des traitements hormonaux complets, d'autres peuvent préférer des microdosages pour obtenir des caractéristiques spécifiques, tandis que d'autres encore peuvent choisir de ne pas suivre de traitement hormonal. De la même manière, les interventions chirurgicales ne sont pas une étape obligatoire dans le parcours de transition. Il faut comprendre que ces choix ne définissent en aucun cas qui nous sommes. Le parcours de transition médicale n'est pas ce qui confirme ou valide l'identité d'une personne transgenre.

Concernant la parentalité et le désir d'avoir des enfants, cela est également propre à chacun. Pour ma part, en tant qu'homme transgenre, je ne ressens pas l'envie ou le besoin de porter notre enfant. J'ai une approche plus traditionnelle, où je vois ma compagne porter notre futur bébé. Cela dit, cela n'altère en rien mon admiration pour les hommes transgenres qui choisissent de porter leurs enfants. Je trouve cela extraordinairement beau et inspirant. Il n'y a rien de plus puissant que le miracle de la création de la vie, peu importe la manière dont il se manifeste.

14
Partager mon parcours

Je suis présent sur les réseaux sociaux depuis maintenant quelques années et mon objectif actuel dépasse nettement celui de venir en aide aux personnes transgenres. C'est un appel à la conscience collective, une proclamation de notre interconnexion en tant qu'êtres humains. Nous ne sommes pas des individus isolés, mais des fragments de l'humanité. Ma présence en ligne vise à tisser des liens afin d'inciter au changement.

Chaque post devient un acte d'influence positive à mon échelle, un écho qui traverse les barrières du genre. Mon but est de forger un espace virtuel où règnent l'amour, le respect et la compréhension. Derrière chaque écran réside un monde d'âmes, de personnalités authentiques. Ces plateformes digitales, souvent impersonnelles, sont des portails qui nous connectent les uns aux autres.

Recevoir des messages de personnes qui me disent que grâce à mon compte et à mes publications, leur perception de la vie a changé, ou que mes mots éveillent leurs consciences, me donne de la force. Ces témoignages m'encouragent à poursuivre dans cette voie. Savoir que mes paroles ont le pouvoir d'apporter du réconfort et d'inciter à plus d'ouverture d'esprit est une responsabilité que je prends à cœur. Ces retours renforcent ma conviction que la bienveillance, la compréhension mutuelle et l'empathie sont des forces puissantes dans l'univers des réseaux sociaux. C'est un rappel quotidien que nos actions en ligne ont des répercussions dans la réalité, qu'elles peuvent influencer positivement la vie des autres.

Au fil de mon parcours numérique et du développement du TGC, j'ai décidé de diversifier mes horizons en lançant des sessions de coaching. Mon choix s'est porté sur le coaching de vie humaniste et la programmation neurolinguistique. Après des semaines d'efforts pour valider les différents modules, je suis officiellement devenu coach humaniste certifié. Bien que cette carrière soit en harmonie avec qui je suis, je ressens toujours un vide. Je n'arrive pas à être pleinement épanoui avec cette casquette de coach, comme si ma destinée ne s'était pas encore complètement révélée. Je perçois ces étapes comme des éléments cruciaux de mon cheminement de vie, me rapprochant progressivement de ma destination, même si cette dernière demeure encore inconnue.

* * *

Après deux ans de cohabitation avec ma mère, je sentais que le manque d'intimité commençait à me peser. Travailler et dormir dans une pièce exiguë de 10 m² m'empêchait de me déconnecter et de me ressourcer. L'immeuble que nous habitions nous réservait son lot de surprises et nous avions dû faire face à une invasion de cafards. Malgré les interventions d'une entreprise de désinsectisation, ces parasites persistaient et cela me répugnait.

Il était temps d'enclencher un nouveau changement. Un jour, mon parrain nous informa qu'un appartement dont il était propriétaire se libérait, et nous saisîmes l'opportunité. Malgré les travaux qu'il nécessitait, le désir pressant de vivre dans un endroit plus vaste et plus sain emporta notre décision. Mon parrain proposa que l'on finance les rénovations que nous réaliserions nous-mêmes et de nous laisser en contrepartie de l'avance sur quelques loyers.

La pénibilité de ceux-ci était allégée par l'espoir de fabriquer un futur cocon pour ma mère. Nous pûmes emménager après trois mois d'efforts acharnés. Le bonheur que je lus dans ses yeux était la plus belle des récompenses. Enfin, elle se sentait bien.

Plongé dans mon travail de coach, une proposition inattendue arriva un jour et illumina ma vie. La maison d'édition Good Mood Dealer m'offrait l'opportunité d'écrire un livre explorant les méandres de mon histoire, de ma vie et de ma transidentité. Le jour où je reçus cette proposition, je ne pus m'empêcher de douter. J'étais excité, mais inquiet. Sur les réseaux sociaux, bien que je discute considérablement, mes réflexions restent souvent générales, j'évite de m'impliquer personnellement, de donner des détails trop intimes. Toutefois, dans ce projet de livre, il était impératif d'accepter de me dévoiler, de transmettre le plus sincèrement possible les aspects les plus secrets de mon existence.

Malgré la peur initiale, une énergie vibrante me poussa à accepter. C'était comme si mon âme me criait de plonger dans cette aventure, car c'était la suite naturelle de mon chemin. Ainsi, avec une certaine appréhension, mais également avec exaltation, j'entamai la rédaction de fragments importants de ma vie, immortalisant sur le papier les récits qui composent mon parcours et qui font de moi l'homme que je suis aujourd'hui.

Épilogue

Toi qui me lis et me ressembles

Ce livre est un témoignage sincère de ce que je suis. Chaque mot déposé ici a été entouré des ombres de la peur, mais au fil des pages, elles ont cédé la place à la confiance.

C'est cette confiance, consciente, forgée au fil des mots, qui m'a aidé à me dévoiler de manière si intime. À travers cette plongée dans les méandres de mon histoire, j'ai compris que chaque crainte que j'avais pu éprouver initialement se transformait, peu à peu, en un écho lointain pour être remplacée par un sentiment de paix.

Qui que tu sois, où que tu sois, nos chemins se croisent à travers ces lignes pour une raison qui transcende le hasard, une raison qui dépasse les barrières du temps et de l'espace. Cette rencontre même indirecte porte en elle une signification particulière.

Le simple fait que tu tiennes ce livre entre tes mains, que tu t'y plonges avec curiosité et que tu prennes le temps de découvrir les lignes de mon histoire ne constitue pas une coïncidence. Chaque moment que tu consacres à ces pages s'inscrit dans un dessein plus vaste, une rencontre entre deux mondes, le tien et le mien.

C'est comme si le fil invisible du destin nous avait rapprochés, tissant une connexion entre nos expériences. Peut-être comprends-tu que mon vécu fait écho au tien ? Ou peut-être y découvres-tu une perspective nouvelle, une fenêtre ouverte sur un univers que tu n'avais pas exploré auparavant ?

Nous sommes de simples êtres humains. Au-delà des récits individuels, des identités de genre et des expériences uniques, nous partageons la même humanité. Chacun de nous porte une histoire singulière, mais également universelle, tissée de défis, de triomphes, de rires et de larmes.

As-tu perçu dans mon récit une différence fondamentale avec l'histoire d'une personne cisgenre ? À mes yeux, aucune divergence majeure n'émerge. J'envisage ma transidentité comme un aspect de ma personne, une singularité, rien de plus, et cette réalité s'étend à toutes les personnes transgenres. Derrière chacune d'elles existe une histoire, une vie, une expérience humaine significative.

Le taux élevé de suicides parmi les personnes transgenres soulève cependant des questions essentielles. Plutôt que de considérer ces décisions tragiques comme des choix isolés, il est important de prendre conscience du rôle joué par le monde extérieur dans ceux-ci. Ces personnes sont-elles poussées à bout en raison de la pression sociale, des normes restrictives et de la stigmatisation qui les marginalisent ? Est-ce en raison du rejet de la société qui porte un regard négatif sur leur identité, les qualifiant de malades ou d'erreurs de la nature ?

Ce regard n'est pas tolérable, il faut le faire changer, l'inaction n'est pas une option face à ces drames. Nous sommes appelés à prendre des mesures, à sensibiliser et à travailler ensemble pour créer un monde dans lequel chaque personne sera respectée, honorée, acceptée et aimée pour ce qu'elle est. Il est temps d'agir pour faire évoluer les mentalités et les systèmes qui contribuent à créer ces difficultés, pour que chacun puisse vivre en paix et en toute dignité.

Il y a dix ans, j'aurais pu envisager, moi aussi, de mettre fin à mes jours.

Je ne sais pas quelle était ta perception de la transidentité avant de parcourir les pages de mon histoire, mais j'espère que la découverte de celle-ci t'a permis de comprendre qui nous sommes véritablement.

N'oublie pas que tu as aussi le pouvoir d'influencer positivement le monde qui t'entoure. Sensibilise, informe et communique avec ceux qui ne sont pas familiers avec le sujet. Beaucoup ne savent pas comment réagir, souvent parce qu'ils sont ignorants. Le temps, l'empathie, la parole et surtout l'amour sont les solutions pour faire progresser notre société vers plus d'inclusion et de respect.

Même si tu n'es pas touché toi-même par la transidentité, mais qu'elle concerne un être cher, ton soutien et ton affection lui fourniront des forces vives, utiles. Ta présence et ton empathie peuvent être les deux piliers solides qui lui apporteront un réconfort inestimable.

Peut-être te trouves-tu actuellement dans une phase de questionnement, cherchant à découvrir qui tu es réellement. Sache que cette étape est nécessaire à chaque être humain pour qu'il trouve son propre cheminement intérieur. Pendant l'enfance et l'adolescence, il est tout à fait possible d'explorer et d'expérimenter différents aspects de son identité, sans que la réponse à ces questions soit obligatoirement la transidentité. Les réseaux sociaux et la libération de la parole ont ouvert des espaces où de nombreuses personnes osent enfin être authentiques, entraînant parfois des interrogations prématurées sur leur identité de genre. Mais quel que soit ton âge, je t'encourage à prendre ton temps, à laisser le processus se dérouler naturellement, sans précipitation.

Le temps de la connaissance de soi est propre à chacun et nécessite de la patience. Il est possible que des expériences vécues dans ton corps t'aient conduit à penser que changer de genre pourrait résoudre certains maux, mais il est important de souligner que cette transition ne fera pas disparaître toutes tes blessures. Écoute tes pensées, sois attentif à tes ressentis. Entoure-toi de personnes compréhensives et de professionnels qui peuvent t'aider.

L'adolescence est souvent une période où l'on s'interroge, où l'on cherche à comprendre quelle est sa place dans le monde. Cette phase d'exploration de soi-même est courante. Il ne faut pas entreprendre une transition précipitamment. Changer de genre ne résoudra pas automatiquement tous tes problèmes, et cela peut même en créer de supplémentaires s'il ne s'agit pas forcément de la réponse adéquate à tes maux.

Si tu ne te sens pas bien, si tu souffres, recherche un soutien professionnel et entoure-toi de personnes bienveillantes. Des psychologues, psychiatres, thérapeutes et conseillers spécialisés peuvent t'aider à explorer en profondeur tes sentiments et à trouver des réponses adaptées.

La découverte de son identité est une aventure complexe, unique et personnelle. En ce qui me concerne, la certitude profonde que j'ai fini par ressentir a nécessité vingt-trois années d'exploration intérieure. Il est toujours crucial d'être à l'écoute de soi, de ses sentiments les plus intimes, et il faut s'autoriser à tâtonner sans hâte.

N'oublie pas que tu es aimé et que tu as le droit d'être toi-même. Regarde-toi avec amour, douceur et bienveillance. Avance à ton rythme, écoute ton cœur.

Tu as peut-être déjà parcouru du chemin, connu des joies, des peines et découvert la vérité profonde de ton essence. Les chaînes de la peur peuvent parfois t'ancrer au sol, mais je t'invite à te faire confiance pour une fois. L'heure est venue de saisir la plume et d'écrire ta véritable histoire. Le grand saut peut effrayer. J'ai moi-même eu peur au début de mon parcours, mais au fond de toi, tu sais que ce chemin t'appartient, et que ton bonheur t'attend au bout de celui-ci.

Les ressources nécessaires résident en toi, la clé pour déverrouiller les cadenas et t'affranchir des chaînes est à l'intérieur de toi. Ose ouvrir ces cadenas, décide de ta libération et choisis de prendre ton envol.

Si tu es concerné par la transidentité, sans être en paix avec cette facette de ta personnalité, écoute-moi. Peut-être que ce monde t'a convaincu que tu étais mauvais ou anormal ? Peut-être qu'à cause de cela, tes proches te repoussent ou que tu as perdu des amis ? Sache que tu n'es ni imparfait ni une aberration de la nature. Oui, nous sommes une minorité dans ce monde, mais cela n'enlève rien au fait que nous sommes tout aussi valables que le reste de l'humanité.

Alors change ta perspective au sujet de ta transidentité, ce n'est pas une faiblesse, c'est une force. Ce n'est pas un fardeau, c'est un cadeau. Être transgenre n'est pas une malédiction, tout comme ce n'est une bénédiction que d'être cisgenre, ce sont simplement deux états différents.

Le sentiment de validité et de légitimité, indépendamment du genre, repose sur une seule chose essentielle : l'amour que tu te portes. Si tu refuses, si tu rejettes une part de toi, la considérant comme négative, le bonheur véritable demeurera hors de ta portée. Je te parle en connaissance de cause, car pendant de nombreuses années j'ai rejeté cette partie de moi-même.

Les tourments de l'amour, les déchirements des séparations, et même les entraves sociales qui résonnent parfois comme des barrières infranchissables, sont autant d'épreuves qui permettent de dessiner la trame de nos vies. Ces souffrances, parfois presque intolérables, ont le pouvoir de nous transformer, de forger notre caractère et de modeler notre vision du monde.

Dans ces moments sombres, la résilience devient notre alliée. L'apaisement se retrouve dans la façon dont nous choisissons de naviguer dans ces ténèbres. Il faut voir ces traversées de l'obscurité comme des opportunités qui nous permettent de grandir, des étapes nécessaires pour évoluer vers la lumière. C'est dans ces périodes complexes que nous apprenons, que nous nous transformons.

Retiens que la souffrance n'est pas une fin en soi, mais plutôt un passage, un chemin vers ta transformation.

Je crois sincèrement que le chemin de la vie est peuplé d'ombres et de lumière qui se complètent pour maintenir l'équilibre dans nos existences. Tu dois permettre à la lumière d'illuminer les coins sombres de ton être, ceux enfouis dans ton passé. C'est une aventure intérieure qui te conduit à dévoiler tes blessures, à les guérir et à en tirer une force inattendue. Dans les recoins les plus cachés de ton être se trouvent des chagrins qui ne méritent pas d'être maintenus captifs. Ouvre-leur cette prison, affronte ces ombres et permets à ton énergie de les guérir plutôt que de les confiner dans un espace qui semble contenir leurs impacts, mais qui te consume progressivement.

La connaissance de soi est la clé pour ne faire qu'un avec soi-même. C'est comme déverrouiller une porte derrière laquelle se cache la possibilité de notre épanouissement, c'est comme un pont entre notre conscience et notre inconscient.

Les cicatrices du passé, parfois infligées sans que l'on en ait conscience, peuvent devenir les sources silencieuses de notre douleur présente. Ces blessures, souvent ignorées sur le moment, s'enracinent profondément si elles ne sont pas traitées. Il devient primordial de prendre le temps nécessaire pour panser ces plaies et les guérir.

Il y a un autre aspect positif dans cette guérison intérieure. Elle n'est pas seulement essentielle à notre bonheur personnel, mais elle influence également la qualité de nos relations avec les autres et donc notre vie en général.

L'amour de soi, inné à notre naissance, s'altère quand nous grandissons et peut parfois nous sembler perdu à jamais. Pourtant, cette connexion ne meurt jamais complètement. Les expériences, les rencontres et les événements peuvent parfois troubler cette connexion, mais ne la font jamais disparaître tout à fait.

Même lorsque nous refusons de la reconnaître, cette lueur résiste, attendant patiemment de reprendre de la puissance. Reconnaître cette vérité intérieure, s'ouvrir à la possibilité de se reconnecter à cet amour de soi profond, constitue un voyage vers notre essence véritable.

Cela implique un retour aux origines, cela demande de rebâtir les fondations de ta vie sur l'amour.

Prends la décision de consacrer le temps nécessaire à ton monde intérieur. Engage-toi dans des actions concrètes qui sont alignées avec ton être. Modifie tes perspectives si besoin, fais des choix sains pour toi-même et deviens le gardien attentif de ton propre bien-être.

L'amour que tu recherches, personne ne pourra te le donner, toi seul en as le pouvoir.

Je suis conscient que cela peut te sembler impossible sur l'instant, mais crois-moi, tu as la capacité de construire ce pont en toi. Prends la responsabilité de cette décision, et je t'assure que cela transformera radicalement ta vie pour toujours.

Depuis que j'ai fait moi-même ce choix et pris cette responsabilité, mon existence en a été complètement métamorphosée, je suis devenu le héros de mon histoire.

Mon chemin n'est pas terminé, mais en attendant, chaque jour est une opportunité pour faire briller ma lumière intérieure. Cette paix n'est jamais acquise, elle dépend uniquement de mes décisions et de mes actions quotidiennes. Son potentiel de vibration est infini, sans limite, et je dois continuer à entretenir cette flamme tous les jours.

Toi comme moi, nous avons entrepris ce voyage pour une raison fondamentale : ne faire qu'un avec nous-mêmes.

Nous sommes ici pour comprendre, pour apprendre, pour aimer, pour grandir et pour guérir. Nous faisons partie intégrante de cette trame universelle.

Tout au long de ta vie, tu dois écouter la voix de ton âme, cette voix intérieure qui t'accompagne sans faiblir, qui, quand tu essaies de l'ignorer, persiste à se faire entendre. C'est ce murmure qui m'a guidé dans la décision de partager mon histoire avec toi.

J'ai choisi de dévoiler mon intimité, d'ouvrir les portes secrètes de mon histoire et de transmettre des fragments de mon être profond. Mon récit transidentitaire n'est pas simplement une exposition de ma vérité personnelle, mais une invitation à élargir les horizons de la compréhension collective, à reconnaître que la transidentité est une réalité incontournable méritant respect et reconnaissance.

Je voulais également offrir soutien, force et amour à ceux qui, comme moi, sont sur le chemin de la transidentité et rappeler la connexion profonde qui nous unit tous.

J'espère avoir pu semer en ton cœur l'espoir et l'inspiration, toi, qui t'es aventuré dans la lecture de ces lignes, je souhaite t'avoir convaincu de fusionner avec ta propre lumière et t'avoir fait comprendre quelle force réside en toi.

Ce parcours n'est pas dénué de difficultés, et notre évolution demeurera un voyage continu. Chaque pas sur cette route, chaque défi surmonté, chaque leçon apprise contribue à nous transformer. Nous sommes des êtres en perpétuel devenir, façonnés par nos expériences et nos rencontres.

Ainsi, nous embrassons le changement, nous nous adaptons et évoluons, car la vie elle-même est une aventure constante.

Encore une dernière chose avant de te quitter, je veux te rappeler quelque chose d'essentiel, et promets-moi de t'en souvenir.

N'oublie jamais que tu es le héros de ton histoire.

Remerciements

Tout d'abord, je tiens à exprimer ma gratitude envers la vie. Merci pour cette existence, aussi lumineuse que tumultueuse. Je suis reconnaissant pour toutes ces expériences, qu'elles soient empreintes de joie ou de tristesse, que j'ai traversées. Merci pour tous les enseignements qui m'ont été transmis jusqu'à présent. Ma reconnaissance s'étend à mon corps, qui me permet d'exister et d'être moi-même, ainsi qu'à ma santé, car sans elle, rien ne serait possible.

Alors, merci, pour cette vie.

Un sincère remerciement à la maison d'édition Good Mood Dealer, ainsi qu'à Sophia et Jordan et à toute l'équipe sans qui ce livre ne serait pas entre tes mains.

Un remerciement infini à ma mère, Cathy, pour son soutien indéfectible, sans qui je ne serais pas l'homme que je suis aujourd'hui.

Je t'aime, maman.

À ma famille, et à mes proches qui me sont chers, je tiens à vous exprimer ma gratitude pour votre soutien tout au long de ce projet. Ce livre m'a demandé beaucoup de temps et d'investissement. J'attends avec impatience de partager de nouveaux moments avec chacun d'entre vous, merci infiniment.

Un grand merci à toutes les personnes qui ont croisé mon chemin m'offrant ainsi l'opportunité d'évoluer.

Merci à toutes les personnes qui me suivent sur les réseaux sociaux, votre soutien constant, votre force et votre amour me nourrissent également chaque jour. C'est aussi grâce à vous que je trouve l'énergie nécessaire pour poursuivre cette belle aventure, alors merci du fond du cœur.

Je veux prendre un moment pour te remercier sincèrement, toi lectrice, toi lecteur, tu apportes une énergie unique à cette expérience, ta confiance représente énormément pour moi. C'est un voyage partagé, et ta décision de te plonger dans ces pages donne du sens à mon histoire.

Merci de permettre à mes mots de résonner en toi.

Pour clôturer ce texte, je tiens à m'adresser ces derniers remerciements.

Mon prénom est Edward-Jeanne et je suis le héros de mon histoire.

Composition : Soft Office

Achevé d'imprimer en septembre 2024
sur les presses de la Nouvelle Imprimerie Laballery
58500 Clamecy
Dépôt légal : septembre 2024
Numéro d'impression : 408427

Imprimé en France

La Nouvelle Imprimerie Laballery est titulaire de la marque Imprim'Vert®